U0041101

黃婉玲
經典重現失傳的台菜譜

40道阿舍菜、酒家菜、嫁妝菜、辦桌菜、家常菜，
詳細步驟示範讓你也能成為台菜傳人。

黃婉玲—著

自序

台菜在六十年前開始走下坡，取而代之的是江浙菜、上海菜，接著粵菜、川菜，甚至西洋菜色陸續登場，到今日各種異國料理已是隨處可見，而台菜則是越來越少見了。

目前市場上並非沒有台菜餐廳，而是缺乏台菜中的大菜，台菜餐廳對台菜的詮釋與作法也走偏了。雖然台菜的口味偏甜，卻是合理的甘甜滋味，今天則甜膩到令人不敢領教，台菜變得既油、又酸、又甜，前後也不過才五、六十年的光陰，台菜竟然如此走樣，讓人頗多感慨。

十幾年來我很幸運認識一些七十歲至九十歲的老師傅們，他們在六十多年前的壯年時期，可都是響噹噹的台菜師傅，在市場快速轉變下，仍堅持台菜的傳統作法，守住台菜的原味，卻也讓他們被市場遺忘。我啟動他們的內心，重新燃起對台菜的熱情，傾全力教我進入台菜的殿堂，讓我從一名平凡的廚娘慢慢領略到台菜的曼妙，只因他們認為沒有財產可留給我這名晚輩，只有一身手藝可以傳授。

在老師傅快速凋零後，我意識到台菜必須趕快傳出去，否則再遇到一次震盪，台菜真將絕跡。我視自己的台菜傳承之路為「台菜復興運動」，透過寫書、演講、辦活動，以語言和文字介紹台灣菜色的歷史、典故與文化，甚至藉由電影

《總舖師》向年輕族群發聲，讓世界知道台灣不僅有大菜，烹飪技巧更是登峰造極。

兩年前我開始以烹飪教室方式，「零距離」的傳出老台菜滋味，每堂課程都會先從食材的背景講述到菜色的文化，因為唯有徹底了解台菜背後的故事，才能做出精準的老味道，感謝來自全台各地的學員不辭辛勞到台南來上課，甚至有國外華僑專程來學習。

出版這本新書，是我台菜復興運動的全新嘗試，畢竟電影《總舖師》對台菜的傳承還有一段距離。我希望透過這本書讓讀者明白每道菜的時空背景及食材的運用，見證台灣真的有深厚的文化，也有傲人的大菜，而且不再是距離遙遠，而是你我都可以動手做的。

十幾年來收集近三百道菜餚，我不想獨有，只想分享於大眾，畢竟這些菜都是祖先的智慧累積而來，唯有透過分享，才能將祖先的故事傳出去。

目錄

自序 ……… 02

阿舍菜

布袋雞 …………… 08

雞仔豬肚鱉 …… 18

炸排骨酥 …………… 28

排骨酥 …………… 34

排骨酥湯 …………… 36

香料香腸 …………… 38

蒜苗香腸 …………… 48

五柳枝 …………… 50

韭菜花炒皮蛋 … 58

酒家菜

蜂巢蝦 …………… 64

蛋翅 …………… 70

蛋翅絲瓜 …………… 72

蛋翅炒米粉 …… 74

酢醋蝦 …………… 76

炒響肚 …………… 84

鹹蛋四寶 …………… 92

香油煎肝 …………… 98

醃蘿蔔 …………… 106

嫁妝菜

蛋臊 ················ 110

翠玉鳳眼 ········· 116

春捲蝦 ············ 124

辦桌菜

小封 ················ 132

米糕捲六款 ····· 140

鹹米糕 ············ 148

鹹肉臊 ············ 149

傳統鹹米糕捲 ····· 150

酸菜鹹米糕捲 ····· 152

蘿蔔乾鹹米糕捲 ····· 154

什錦鹹米糕捲 ····· 156

甜肉末 ············ 158

甜米糕 ············ 159

甜米糕捲 ············ 160

甜鹹米糕捲 ········· 163

家常菜

涼拌花生········ 166

菜脯蛋············ 172

菜脯雞湯········ 180

九層塔煎蛋 ···· 182

醬燒蛋············ 186

鳳梨炒豬肺········ 192

鳳梨素筋········ 198

鹹粿湯············ 204

蚵仔丸············ 210

鹹魚炒豆芽···· 216

酸菜炒魚肚···· 222

雞肉絲飯········ 226

第壹章 阿舍菜

「阿舍」是早年對有錢人的稱呼，「阿舍菜」最大的特色，就是將兩種不同的口味融於一道菜，將食材互相套疊，讓它迸發出最大的火花，作法極盡奢華。因此阿舍家的師傅必須絞盡腦汁，做出讓阿舍引以為榮、可以炫耀的菜色，是台菜中最「厚工」的菜餚。

阿舍菜在台菜中可說是最為經典、細緻的菜路，又因為阿舍不喜歡自己的菜色外流，因此能傳出來的阿舍菜並不多。除非是阿舍想炫耀，或者是上酒家時也想吃到自己家的菜，才會外流，但數量不多，有很多經典菜系仍留在阿舍後代家中。

布袋雞

布袋雞是阿舍家典型的菜色，高檔的阿舍菜有個特色，就是會將兩種口味的菜融合在一道菜裡。布袋雞上桌時，會讓人誤以為是一道清燉雞湯，當拿起杓子和筷子將一隻完整的雞肉分食時，湯杓一碰破雞皮，裡面的餡料就散落出來，變成一道紅燒羹。

往往在湯杓碰破雞皮的剎那，餐桌上的客人多會發出驚呼聲，因為裡面連雞肉都拿掉了，只剩下外面一層雞皮，除了頭、翅膀、雞腿帶有骨頭外，整隻雞只剩一層皮，其它的肉和骨頭都拿掉了。

布袋雞裡面通常放有「筍腳」，筍腳是台菜中最基本的食材，因為台灣早年到處是竹子，除了很多房子用竹子搭建成竹管屋，也有很多家具是用竹子編成的。竹筍大量出產的季節，吃也吃不完，就用桶子將新鮮的筍醃起來，到了冬天不出產筍子，想辦喜宴也不怕沒材料，這種用桶子醃過的竹筍又稱為「桶筍」，將桶筍切成細絲，再加上其它的配料，就變成所謂的筍腳。

做布袋雞時，筍腳的組合會用筍絲、大白菜絲、香菇絲、肉絲、金針、扁魚、蝦仁等，將扁魚爆香之後，再將香菇絲爆香，接著才加入筍絲、大白菜絲、肉絲、金針、蝦仁，加鹽、白糊椒粉及少許水拌炒後，有些高貴一點的宴席，裡面還

會加魚翅，拌炒好的料一定要攤開讓它放涼，否則塞進雞皮裡面，雞皮是生的，料是熱的，很快就會腐壞。

現在會做布袋雞這道菜的師傅並不多，拜電影《總舖師》所賜，又開始有人在做這道菜。曾有一家餐廳將布袋雞裡面的餡料改換成杏鮑菇，我覺得那種口味真的走偏了，不夠融合，也無法拉出布袋雞的美味，我覺得用杏鮑菇做這道菜有點太牽強，真不知道師傅在想些什麼。

很多朋友不懂得如何肢解成為布袋雞，連有些雞販也不太會肢解布袋雞了，尤其現在都是電宰雞，想做布袋雞手續又多了一道，相對費工。

早期人們屠宰雞隻時，都會在雞的脖子刺上一刀放血，因此肢解布袋雞時，就將脖子的切口稍微剪大一點，將雞頭以下的脖子部位先剪斷，在連接雞胸的另一頭脖子也剪斷，這節雞脖子就可以抽出來了。

接著用手從脖子的切口伸進去，利用食指和中指的力量將皮和肉撐開，用小刀將中間連接處的薄膜小心割劃，讓肉和皮分開，劃到翅膀位置時，再拿剪刀將雞翅和雞胸的位置剪斷，這個動作一直往下伸，到腿部時則將大腿的肉留著，在大腿關節和雞胸的關節處剪斷，最後這隻雞只剩下雞腿還有肉，其它部位都沒肉了。

這時從脖子切口將雞胸骨肉取出，雖然此時脖子的洞比較大，但從洞口塞進餡料後，是用來打結的，所以雞脖子的洞口大一些並無所謂。只是現在大多使用電宰雞，會從雞屁股處挖個洞將肉臟取出，因此在最後可以拿一根較粗的針，用粗線將屁股的洞縫合起來，蒸熟之後才將這條線抽取出來。

剔骨的功夫熟能生巧，現在的我要剔一隻布袋雞，大約只要八分鐘就可以完成。

在塞入餡料時，必須等餡料涼了之後，才從脖子的切口塞進去。在塞入時必須隨時調整餡料塞入的情形，將整隻雞撐開來，恢復一隻雞的模樣，也不能撐太飽，不然蒸的時候皮容易破。塞滿之後在脖子處扭轉一下，從雞翅膀處轉出來，之後讓雞胸朝上，放在大碗裡面，再放進蒸籠裡面蒸，這樣子雞皮比較不容易破。

用大火蒸約五十分鐘，蒸好了千萬不要馬上掀蓋，因為這時候布袋雞只靠薄薄的雞皮保護裡面的餡料，等它稍微降溫之後才開啟蒸籠取出。這時候碗裡面會流出雞湯汁，將這些雞湯汁倒進鍋裡，再加入原先爆炒餡料的湯汁及一些高湯，煮開之後調味，加上少許糖、一點鹽和一些五印醋，勾芡淋在雞上，就可端上桌。

這道是典型阿舍家代表菜之一，出這道菜時通常會準備兩把湯杓方便大家攪拌，但別忘了重點在那兩隻雞腿，用杓子將雞腿的肉劃開，融在紅燒羹裡，這時候會感覺一口清燉雞湯和紅燒羹融入口中，豐富的口味會讓人欲罷不能的一口接一口。在節慶和宴客時最適合端出這道菜，尤其在入厝的宴席上，用來當「起家菜」是最適合不過了。

布袋雞在阿舍家非常受歡迎，是宴請嘉賓的最大禮數，各阿舍家的總舖師幾乎都學過這道菜，但是由哪位阿舍家傳出來就不得而知了。民國三十八年國民政府來了之後，台灣的生活起了變化，尤其在實施三七五減租之後，阿舍家的財力減弱許多，總舖師幾乎都被遣散回去，有些只好流落市面為人辦桌，因此在民國五、六十年之後，布袋雞就在辦桌宴席的高檔菜中出現過一陣，之後又消失，所以要將它列為阿舍菜或辦桌菜，我認為它都符合。

布袋雞

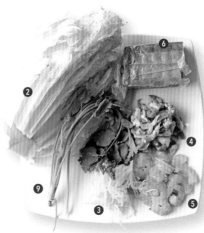

材料 （十人份）

① 土雞 ………… 1 隻
② 大白菜 …….. 250g
③ 筍絲 ………… 180g
④ 豬肉絲 ……… 80g
⑤ 脆蝦仁 ……… 100g
⑥ 火腿 ………… 3 片

⑦ 冬粉翅 ……… 40g
⑧ 扁魚 ………… 3 片
⑨ 香菜 ………… 少許
　 太白粉 ……… 少許
　 雞骨高湯 … 300ml

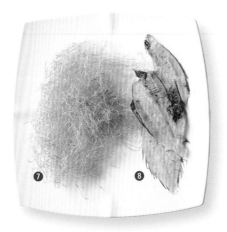

調味料

醃豬肉絲用

醬油 ………… 1 大匙
白胡椒粉 … 1 小匙
2 號砂糖 … 1 大匙

香菇爆香用

醬油 ……… 1/2 小匙
2 號砂糖 … 1/2 小匙

炒料調味用

白胡椒粉 … 1/4 小匙
鹽 ………… 1/4 小匙

湯汁調味用

2 號砂糖 … 2 小匙
鹽 ………… 1/4 小匙
五印醋 …… 1/2 大匙

1. 將脖子的切口稍微剪大一點,再將雞頭以下的脖子部位先剪斷,在連接雞胸的另一頭脖子也剪斷,抽出雞脖子。

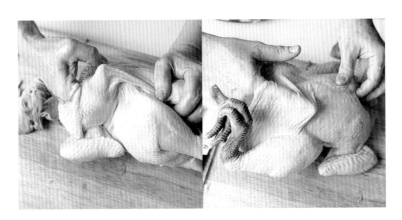

2. 用手從脖子的切口伸進去,利用食指和中指的力量將皮和肉撐開,用小刀將中間連接處的薄膜小心割劃,讓肉和皮分開。

預備工作 1. 剔骨功

3. 劃到翅膀位置時,再拿剪刀將雞翅和雞胸的位置剪斷,這個動作一直往下延伸。

4. 到腿部時則將大腿的肉留著,在大腿關節和雞胸的關節處剪斷,最後這隻雞只剩下雞腿還有肉,其它部位都沒肉了。

5. 用刺繡針和棉線縫補洞口(取出內臟的洞口),在頸部留下約 5 公分的寬度,當成填入餡料的洞口用。

1. 將大白菜洗淨，切成 2 公分寬，放入水中燙煮，煮至白菜出水後，瀝乾備用。

3. 將扁魚先剪成小塊，再放入油鍋中炸酥，以鍋鏟壓炒成碎塊備用。

2. 將豬肉絲放入碗裡，加入 1 大匙醬油、1 大匙糖和 1 小匙白胡椒粉醃製 10 分鐘，放入燒熱的油鍋，快速過油備用。

4. 冬粉翅泡水備用。

5. 火腿和香菇切絲備用。

6. 蝦仁放入燒熱的油鍋中，快速過油撈起備用。

1. 將香菇絲放入油鍋中爆香，續入 1/2 小匙砂糖和 1/2 小匙醬油。

2. 續入扁魚酥、醃好的豬肉絲、筍絲、燙過的大白菜，再加入 1/4 小匙的白胡椒粉和 1/4 小匙的鹽。

3. 接著放入火腿絲和冬粉翅，拌炒均勻後即關火，最後放入過油處理的蝦仁。

4. 盛起，將炒料盡量攤開，放至冷卻。

5. 將步驟 4 塞入布袋雞中，塞至整隻雞略微鼓鼓的。

6. 如圖示先將雞腳交叉放入碗中。

7. 再將雞頭和雞翅扭轉固定。

8. 大火蒸約 50 分鐘。將蒸好的布袋雞扣在盤中擺置。

9. 將蒸煮土雞產生的高湯再加入 300ml 的雞骨高湯以及少許的火腿絲,續入 2 小匙糖、1/4 小匙鹽,煮至滾開後,加入 1/2 大匙五印醋調味。

10. 最後,倒入太白粉水勾茨,將茨汁淋在布袋雞即可上桌。以杓子挖開,讓餡料流出即可食用。

美 味 一 點 訣

製作布袋雞時,請選皮比較厚的土雞,對於初次剔骨的新手,比較容易上手,不會將雞皮弄破。

雞仔豬肚鱉

很多菜餚都喜歡取個有意境或文雅的菜名，但老台菜中之一雞仔豬肚鱉，卻是少有的直接以連續三個食材名稱當名字的菜餚，拜電影《總舖師》所賜，讓這道老台菜聲名大噪。

不過我發現大家對雞仔豬肚鱉這道菜有些誤解，而且只看到表層，忽略了它原有的意涵。我在走訪老師傅過程中，外子曾因這道菜的名稱而鬧出笑話，他認為講究手路的台菜，不可能簡單到將雞、豬肚、鱉這三種食材剁一剁就成為一鍋湯，必定需大費周章的研究出是哪一種食材套進哪一種食材內，他堅持想知道到底是雞塞進豬肚裡或鱉塞進豬肚內，要我務必向老師傅確定這三種食材是如何套疊的。

明知道這道菜不是套疊的方式呈現，可是在他不斷詢問下，我的心也跟著動搖，最後鼓起勇氣問老師傅：「雞仔豬肚鱉有沒有可能將鱉塞進豬肚內，再塞入雞裡面」，老師傅不屑的看了我一眼說：「要找體積小的鱉來塞不是問題，問題是塞來塞去能煮出什麼味道呢？這就像是將食材捆綁在一起下鍋煮，那叫賣鬧（台語，意為胡鬧），不是做菜了！」

我也將這故事的過程告訴導演，結果就變成電影上搞笑的一幕了，沒想到電影的娛樂效果，竟讓大家誤以為雞仔豬肚鱉是互相套疊的，還出現福祿壽喜的創意說法，講得煞有其事，彷彿就是古早味重現，反而沒有人相信這道菜不是三種食材相互套疊，也不知道它只是個笑話罷了。

曾有某大學餐飲系的碩士生為了寫論文，請教我雞仔豬肚鱉的作法，考試時如法炮製，卻被指導老師罵得臭頭，批他不做功課，「學餐飲的竟然捨不得花一張門票錢看電影」，電影上演得清清楚楚是要套疊的！這個結果令我憂喜參半，喜的是這部電影那麼受歡迎，連餐飲科老師都買票觀賞，憂的是如此以訛傳訛，這道老台菜豈不走味了！

這位老師可能不知道，在台菜中當豬肚要套東西時就不叫豬肚了，而會將豬肚名稱改為「乾坤」，如台菜中的「豬心乾坤」，就是豬肚裡面塞一顆豬心，加藥包燉煮，要吃的時候整個切開來，加一點點湯汁切盤吃；另一道「玉筍乾坤」，是將醃過的筍泡水去除鹹味之後，加蒜頭、辣椒爆炒，再塞入豬肚裡面，蒸得熟透，上桌時湯匙一挖開，露出裡面鮮嫩的筍，吃起來也是別有風味。

而雞仔豬肚鱉的正統作法是將雞、豬肚、鱉三種食材融於一鍋，也是三種補同時入口的極品，真的不是像電影上相互套疊的作法，也是具台語音韻的菜名，不同的作法會將老祖先的經典名菜破壞殆盡。

雞仔豬肚鱉在古時候是道珍貴的補品，自古就有用藥物燉雞、燉豬肚或燉鱉，都有食補效用，但有錢人家將這三個食材集於一鍋，「一次三補」，這可是補中的極品了。

燉雞、燉豬肚所用的補藥不一樣，燉雞的藥材從四物、八珍、十全，都可入菜，而燉豬肚大部分只用四神，至於鱉所採用的藥材和燉雞較不衝突，這是三個可以完全獨立的補，在這裡卻要融於一鍋，講求的就是融合、和諧、潤口。

通常在補湯類的處理，有濃濁、清淡之分，主要在藥材的使用，藥材的搭配造成清淡或濃濁，而不是加了其它東西。我喝過比較濃濁的雞仔豬肚鱉，裡面加了一些肉桂粉，這組藥材的味道很香，調配得不錯，雖然不太有辛辣感，但因肉桂放得太重，有些人無法接受。

初學時我對藥材的拿捏不夠，手上擁有的只是一帖藥方，並不知道原來有三帖藥方，可以因季節而改變使用。在夏天用冬天的藥方燉煮，香味撲鼻，濃郁得很，但吃完卻感覺口乾舌燥，還會略為心悸，問過老師傅才知道這一帖是在冬天使用較為恰當的藥方，但在盛暑高溫下喝就不適當了。在夏天必須料理出清淡口味，隨著天氣變冷再逐漸調整藥材配方，所以在冬天要用哪一帖藥材，還得視天氣來決定。

處理好一鍋雞仔豬肚鱉有個很重要的訣竅，因為它講究的是溫補，卻又要清爽口感，這時就必須修剪掉雞隻渾厚的皮，連雞體內的油都要剪得很乾淨；豬肚內一層白白的油也要用剪刀修剪，為了烹調的方便，還得用鐵湯匙將多餘的油刮得乾乾淨淨；在處理鱉時更困難，因為鱉的油是一顆顆像小珍珠的黃油，必須全部擠撕下來才行，就得花很多工夫。

處理好的雞要先燙過去汙水，豬肚也要煮個七分熟備用，鱉則是在水煮到滾燙時稍微汆燙去腥騷味，之後再用清水沖洗，藥材則必須在鍋中熬煮過半小時讓

它出味。

這時可千萬別求好心切，用高湯來熬藥材，因為雞仔豬肚鱉若加入高湯熬煮就會變濁了，因為這道菜的製作要點是清淡，加高湯後熬煮，出來的味道就不是藥材的濃濁味，而是「多了一味」，吃起來不明朗。其濃濁度是靠不同藥材熬煮產生，所以只要用清水加藥材先熬煮，就可獲得極品的湯頭。

藥材熬好後，再將雞、豬肚、鱉這三種食材放進鍋裡，加少許鹽蒸一個半小時，蒸好之後端出來可不能直接上餐桌，還得放到爐火上用小火煮個二十分鐘，若認為只要蒸熟就可以吃，那湯頭必定不如期待中的美。

現在辦桌或餐廳宴席，湯頭都不如預期中的好，即使再好的師傅熬煮都會感覺略遜一籌，只因為大量製作湯品必須用蒸的，只靠蒸的工夫，少了用火直接攻這鍋湯，讓它在大火中滾動，湯頭就遜了，所以再滾二十分鐘是一定不可少的工夫。

在這二十分鐘裡面，師傅的手也不得閒，得隨時將漂在湯上面的油舀出丟棄，如此一來，這鍋湯看起來就清爽無比，不帶油膩。曾有朋友抱怨在台菜餐廳吃的雞仔豬肚鱉油膩無比，那就是因為師傅偷懶，沒將油清得夠乾淨，燉煮後又忘了撈油的工作，是一種馬虎做菜造成的錯誤才會油膩。

在選豬肚時千萬別忘了告訴豬販選質感比較厚的豬肚，大賣場的豬肚肚肉都太薄了，所以我通常在做之前會先要求豬販準備厚一點的豬肚再通知我。

我在教學員時，會要求學員先處理豬肚，豬肚可以用大量鹽、太白粉或麵粉將裡面的粘液清洗乾淨，或請豬販幫忙清洗，但千萬不要相信網路所教的用可樂或啤酒浸泡去除豬肚裡的粘液，否則在蒸煮過程中會產生可樂或啤酒的味道，毀掉一鍋湯，就很可惜了。

由於豬肚不易熟，須事先煮到六、七分熟，才能和雞、鱉同時入鍋燉煮。通常我在燉豬肚時會用電鍋，在外鍋放兩杯水，如此重覆燉煮兩次，可以達到七分熟度。燉好入鍋熬煮之前，先用冷水去除豬肚原始味道，這是很容易被忽視卻能影響整鍋湯的步驟，如果豬肚味道太強，整鍋湯就別喝了。

曾有餐廳師傅來跟我學這道菜，味道之好讓他不敢置信，卻問了一個讓我傻眼的問題：「這麼好喝的湯，竟然沒加味素，但是我未來是營業的，不加味素可不行了」，我愣了一下，反問：「這湯頭是哪裡不足，需要加味素呢？」，他說：「就是湯頭太完美，才不知道加味素會是怎麼樣，可是不加味素哪能營業呢？」

我只好告訴他，味素可是近五、六十年的新產品，古早味並沒有味素的文化，如果這道湯已經達到完美境界，不妨不加味素看看會怎麼樣。對方卻仍堅持「營業用的非加味素不可」，這下就考倒我了，「還是你自己想想看吧」，其實這道菜的祕訣在漢藥中的生芪必須找野生的，因為野生的生芪煮起來會越來越甜，人工種植的則略有酸澀味。

我三舅最喜歡這道菜，每次家裡煮這道菜，他就會帶我回去小住一下，還會編個故事告訴我，吃東西要包山包海、營養均衡和公平，雞補身子、豬肚補器官、鱉可以強身，唯有雞仔豬肚鱉能一次吃到這三種補，吃了之後身體一定最強壯。

壹・阿舍菜

三舅最愛吃豬肚，他總告訴我鱉可以使我皮膚漂亮，要我多吃鱉肉，而三舅媽最沒意見，身體不錯，就吃雞肉好了。即使在冬天，三舅使用的仍是夏天的藥方，理由是平常營養已經夠了，不用特地吃補，他不喜歡濃郁口味的補藥，所以他是一套藥味走天下。

呷補

在此我也公開三帖藥材，夏天的清淡口味：生芪（最好是野生的）、川芎、當歸、甘草、蓼鬚、油桂、桂子、甘枸、紅棗；冬天的濃郁口味：故紙、桂支、桂子、桂智、肉桂、川芎、舊地、生芪、當歸、甘草、烏棗、甘杞、紅棗、炒芍；平常用的則是：當歸、青杞、川芎、紅棗、枸杞。其中平常的藥帖我最愛使用，因為一年四季都可使用，而且湯頭喝起來最順口，用這帖燉雞湯也很好吃。

作法

雞仔豬肚鱉

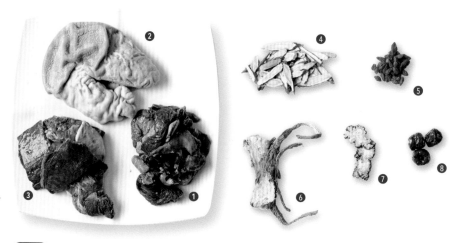

材料（八人份）

① 烏骨雞 ⋯⋯ 1 隻（約 650g）

② 豬肚 ⋯⋯⋯ 半副（燙過，
　　　　　　　約 170g）

③ 鱉 ⋯⋯⋯⋯ 1 隻（約 350g）

藥包

④ 青杞 ⋯⋯ 40g

⑤ 枸杞 ⋯⋯ 8g

⑥ 當歸 ⋯⋯ 10g

⑦ 川芎 ⋯⋯ 2g

⑧ 紅棗 ⋯⋯ 9g

調味料

鹽 ⋯⋯⋯⋯ 1 小匙

米酒 ⋯⋯ 1 大匙

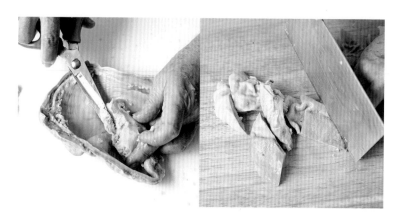

1. 將豬肚多餘的油脂剪掉，用電鍋（外鍋放 2 杯水）煮至七分熟，再
用冰水沖洗，切成 5 公分寬的菱形塊狀備用。

2. 將烏骨雞切塊(可請攤販幫忙剁塊),多餘的油脂全部剪掉,汆燙掉血水後,洗淨備用。

3. 鱉切塊之後,先用熱水汆燙後清洗乾淨,再將多餘的油脂拔除並洗淨。

4. 將所有藥材和 1800ml 的水放入鍋中煮,煮至產生味道(至少 30 分鐘)。

5. 再將雞肉塊、豬肚、鱉放入鍋內一起煮。

6. 將步驟 5 倒入甕裡,淋上米酒,加入鹽,再將甕口用保鮮膜封住。

7. 大火蒸約 1.5 小時後取出,再以小火煮約 20 分鐘即完成。

 美 味 一 點 訣

熄火後不急著開鍋,大約靜置 20 分鐘,如此一來,湯頭會更加甜美。

炸排骨酥

談這道菜有點辛苦，因為大家積非成是已久，自以為認識炸排骨酥，其實你所認識的是排骨酥，只因一個「炸」字的差別，作法和口味就不同了，我在這裡一定要讓大家弄清楚，排骨酥和炸排骨酥有什麼差別。

在早年不需要大費周章的來闡述，雖然少了一個「炸」字，大家卻都知道你所談的是什麼，但現在我必須很詳盡的講你才能懂，只因為大家知道排骨酥，卻少有人知道炸排骨酥。

我用最簡單的方式說明，排骨酥是用有骨頭的小排骨炸出來的，而炸排骨酥則是用梅花肉炸的，吃的是肉而沒有骨頭，每塊肉長約九公分，寬約三公分，兩種外表顏色差距不大，作法卻不同。

現在先介紹「排骨酥」，在夜市看得到賣排骨酥的攤販，在菜市場也買得到炸好的排骨酥，這種排骨酥大部分是以前阿舍家過年時，炸來當零食吃，或是爆炒洋蔥加排骨酥變成紅燒排骨，也有直接將排骨酥放在甕裡面燉成排骨酥湯的作法。

作法是將小排骨剁成四公分左右長度，一塊塊的，拍些蒜頭加醬油和一些糖醃

製，等它入味之後再沾層薄薄的地瓜粉下油鍋炸。在阿舍家過年時會買個十來斤排骨炸成排骨酥，擺放在蒸籠裡隨時取用。

這道菜的作法傳到現在已有點走味了，有些人會在醃料裡加五香粉，但我覺得加了五香粉的排骨酥，不是加分而是減分；另外也許受了鹹酥雞店的影響，粉裹得太厚了，沾地瓜粉炸容易有酥脆感，但沾太多粉時吃不到肉質的原味，反而吃到滿口粉漿味，而且粉漿一旦多了，做起菜來容易濁掉。

至於赫赫有名的排骨酥湯，是將蘿蔔切塊汆燙去除蘿蔔青澀味，再放進鍋裡和排骨一起燉，這時要加一些祕密武器，即是放白胡椒粉和一些鹽，還要加點糖來提味，但別忘了在甕口用保鮮膜或玻璃紙封住，才不會讓水分滲透或香味外溢不見。

再來要談的是只有肉沒有骨頭的「炸排骨酥」，這道菜原先是阿舍家的菜，後來輾轉流傳到酒家，在酒家還一度變成很紅的一道菜，傳到現在，在台北某些台菜老店仍見得它的蹤跡，不過就如老師傅所說，這些店家在傳遞過程中就是「少了一味」。

原先我吃過老台菜店的炸排骨酥，覺得口味很好，但在走訪過程中，有師傅做了道地傳統的炸排骨酥，我才明白原來之前吃到的竟少了一味。這道排骨酥到底要列為阿舍菜或酒家菜，我覺得原為阿舍家後來才傳到酒家，所以應稱為阿舍菜。

這道炸排骨酥其實不是用排骨來炸的，我在老店吃到的炸排骨酥，肉質比較老，因為它用了里肌肉，但後來老師傅告訴我當年在阿舍家絕對不會用里肌肉做這

道菜，而是採用梅花肉切成長九公分、寬三公分的長條形，因為梅花肉比較嫩，吃的時候吃得到肉質柔嫩，較有肉汁，而用里肌肉醃炸時，肉質會有較柴、較硬的感覺。

師傅說的少了一味就是少了「陳年紅糟」，陳年紅糟和紅糟的差別是紅糟本身味道較甜，陳年紅糟在製作過程會加一點黑豆，味道較不甜，但酒香味較濃，顏色也比較暗沈。

為什麼老店會少了陳年紅糟這一味呢？師傅說，若吃過炸排骨酥的人，口感敏銳的，不要師傅傾囊相授，他大概可以猜得出這塊肉醃過醬油、糖、蒜頭，但卻做不出道地的口味，只能做出類似的口味，無法達到原始的水準。

原始的配方若沒有師傅傾囊相授，一定沒有人可以破解，老師傅說，當陳年紅糟遇到糖和米酒就轉換成另外一個味道，這味道沒人說得出來，但絕對沒人猜得出有加入紅糟或陳年紅糟，因為陳年紅糟碰到糖和酒，醃過之後就完全吃不出來，只是口味變得非常繽紛美妙。

這道菜的肉一定要醃上一天，當年的屋子通風比較好，天氣也不若現在的炎熱，醃肉不成問題。若現在要醃可一定要放在冰箱裡，醃好的肉打個蛋，沾著蛋汁，裹上薄薄一層地瓜粉，在熱油鍋裡炸熟，起鍋瀝油，擺盤即可上桌。

有很多人自以為厲害，想偷學功夫卻少了這一味，而一般的師傅又珍惜自己的手藝，也不願意外傳，讓這道菜的正統作法一直無法傳出。在早年的店家沒有酒家師傅做的好吃，我遇到的老師傅當年曾在酒家當過學徒，才會知道這道菜的祕密武器。

吃過老師傅做的炸排骨酥，我才發現有名的台菜店炸的排骨酥粉裹得太厚了，吃起來很油膩，頂多吃兩塊就沒辦法再多吃了，但老師傅的配方和薄薄一層地瓜粉，反而一不小心就能吃上一盤，這道菜的式微與作法的偏差，讓我很不忍心。

我覺得台菜充滿老祖先的智慧，在過去的師傅有「藏一手」的習慣，不太願意傾囊相授，這位老師傅願意在他生前將功夫交給我，也是我花了十幾年時間與他在走訪中變成忘年之交，他才送給我這道傳家禮物。我認為老師傅雖然已離去，若能將這道菜傳出去，就好像老師傅永遠存在般，而且台菜真的必須好好的傳承，否則真的會誤傳，做不出道地的味道。

作法

炸排骨酥

材料（四人份）

① 梅花肉 …… 300g
② 蒜頭 ……… 4 瓣
③ 雞蛋 ……… 1 顆
地瓜粉 …… 少許

調味料

④ 陳年紅糟 …… 1/2 大匙
醬油 ………… 1 大匙
糖 …………… 1 又 1/2 大匙
米酒 ………… 1/2 大匙

  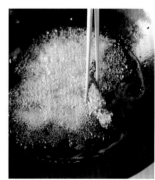

1. 將梅花肉切成條狀，再將蒜頭切碎，一起放入大碗中。

2. 接著，放入所有的調味料，用手將肉搓揉入味。

3. 放入冰箱，醃製 12 個小時。

4. 取出醃好的肉，打入 1 顆雞蛋拌勻。

5. 裹上地瓜粉之後，放進 150 度的油鍋炸。

6. 待油溫升至 220 度，炸熟逼油後即可擺盤上桌。

 美味一點訣

紅糟本身即帶有鹹味，因此，醬油的份量必須拿捏精準，才不會過鹹。

作法 **排骨酥**

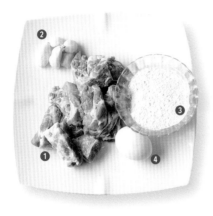

材料（四人份）

① 豬小排……365g
② 蒜頭………4 瓣
③ 地瓜粉……少許
④ 雞蛋………1 顆

調味料

醬油…………3 大匙
砂糖…………2 大匙
白胡椒粉……1/8 小匙

1. 將豬小排洗淨，切塊備用。

2. 將豬小排放入調理碗，加入醬油、砂糖、拍碎的蒜頭、白胡椒粉，放入冰箱醃製約 12 個小時。

3. 取出醃好的豬小排，打入雞蛋拌勻，沾取地瓜粉，並將多餘的粉末拍掉。

4. 準備油鍋，待油溫升至 160 度，將豬小排下鍋炸，炸至外表呈金黃色時，將油溫提高至 200 度，逼油使其清爽，即可盛盤。

排骨酥湯

材料（四人份）

① 排骨酥········ 約 370g（請參閱 P.35 排骨酥作法，炸好備用）
② 白蘿蔔········ 370g
③ 香菜·········· 少許
　豬骨高湯····· 1500ml

調味料

鹽················ 1 小匙
白胡椒粉···· 1/4 小匙
糖·············· 1/4 小匙

1. 將白蘿蔔削皮後切塊。

2. 放入煮沸的水略煮，去除青澀味。

3. 將排骨酥、煮過的白蘿蔔放入盅內。加入豬骨高湯以及鹽、糖調味，用保鮮膜封住盅口。以大火蒸約 20 分鐘。

4. 起鍋後，撒上白胡椒粉和香菜提味即可。

香料香腸

過去的歲月，遇到過年時，只要不是窮到不行的人家，總會宰雞、宰豬，過個豐盛的年。有時候宰殺一頭豬後，為了搶新鮮，必須在短時間內全部處理掉，這時候通常會一次灌很多香腸。為了能保存久一點，都會加一點硝，如此擱放的時間就能夠延長，灌好的香腸還得拿到庭院，掛在竹竿上曬曬太陽，讓風吹乾。

通常從過年開始，就會拿香腸下油鍋煎加菜，這種加了硝的香腸儲藏個把月不是問題。現在我們在市面上看到的香腸已不加硝，卻加了亞硝酸納，有些人因為香腸添加亞硝酸納就不敢吃香腸，認為不夠天然。

你可能不知道早年阿舍家的香腸，可是不加硝也不加亞硝酸納的，他們吃的全是新鮮天然食材的香腸，口味有甘草甜滋味、五香，也有各種香料添加一起的香料香腸。

台菜使用香料的機會很多，使用的技巧也很成熟，只是我們現在的香腸最多來個蒜味、紅麴或高梁口味，但和早年比起來，我們的口味少很多了。當年還有蒜苗香腸、香菜香腸、人蔘香腸、十全香腸、四物香腸，將一些補藥熬到很濃

縮了，然後浸泡豬肉灌成香腸。

早年阿舍家灌的香腸，不像現在香腸那麼粗，直徑大約只有一公分半，如此用來碳烤時容易熟，而且加了一些二號砂糖，糖在烤過之後會產生焦糖化，散發出一股焦香味。碳烤香腸時會冒出燻人的煙，有些人不喜歡煙味太大，會在裡面偷灌一點太白粉，如此在烤時就不會有煙燻味了，但這作法還是會讓口味略微走偏，因此師傅們大多不喜歡這樣做。

阿舍家一次灌的香腸數量並不多，也不會拿到太陽下曬，而是灌好之後將香腸盤起來繞成一圈，直接拿到網子上碳烤，吃新鮮的香腸。但阿舍家香腸沒有加酒的配方，只因為沒加硝或亞硝酸納，若是加了酒，雖然味道會比較香，但酒與肉拌勻後很容易變酸，因此灌出來的口味會略有酸的味道，而且酒的濃度不夠高時，加了酒反而容易使香腸腐壞。

香腸是阿舍家最經典的菜餚之一，它的配方很符合現代人的養生需求—沒有添加物，全部用天然食材。早年想試總舖師的功夫，就試他的香腸，藉由總舖師調製灌出來的香腸，就知道他的功力到哪裡。

因此阿舍家既然有能力聘總舖師，總舖師在灌香腸的功力可不能差，香腸灌不好的總舖師是沒人要聘的，因為阿舍家拚的是面子，在香腸的口味上也一樣各自爭奇鬥艷拚個高下。

我外公的香料香腸，是我外曾祖母陪嫁的總舖師帶來的配方，在三七五減租之後，總舖師早已過世，他的兒子尚留在外公家工作，這時也只好回家鄉了，就靠著這一味香腸賣起香腸熟肉攤，生意非常好，但這位師傅和我外公家保持良

好的關係，偶爾會騎腳踏車送來一些菜餚，甚至外公還會在過節時請他灌一些香腸。

我小時候這位師傅已經八十多歲了，媽媽還帶我去他的香腸熟肉攤吃過，後來他的攤位傳給兒子繼承。當他兒子決定退休不做時，寫下這配方拿到家裡來給我，怕我們想吃時會沒得吃，至少照這個配方請別人做，還是可以吃得到熟悉的味道。

媽媽對廚藝完全沒興趣，就將那幾張紙條交給愛做菜的我，就這樣這幾張紙條存在我的八寶箱裡，直到有一天我在整理八寶箱時，發現這個配方。我曾將這個配方拿去請人灌香腸時，對方卻覺得這個配方很奇怪，所以我只好自己拜師學灌香腸。

但懶得碳烤香腸的我，乾脆將香腸放進鍋裡，用冷油煎，媽媽吃到這味道時嚇了一跳，當年的記憶和當年的生活一下湧入腦海，「這是熟悉的香腸味」，家裡的客人也讚不絕口，成為我最拿手的招牌菜之一。

只是求學過程中，我沒什麼時間做這道菜，到了今天我深感好滋味不能獨享，希望將家傳的配方分享給大眾，讓大家品嚐這道在家族流傳百年的好滋味。我想起當年想學灌香腸，沒有人願意教我，拜師學藝的過程還挺辛苦的，我走過辛苦的路，不希望別人跟我一樣辛苦，這種分享讓我感覺榮耀與喜悅。

我認為舊有的觀念應該改變，以前總舖師用智慧調出如此完美的配方，與其失傳，何不將它流傳出去，讓更多人品嚐到好吃的香腸。雖然最早是由哪位總舖師調出來的配方已沒有人知道了，但隨著配方的流傳，我相信這位總舖師當年

的心血就沒有白費。

其實阿舍家的香腸並不難做，我需要的工具只是一個漏斗，而且配方是以三斤肉為標準，所以做起來並不累。曾經有學校打算義賣香腸，我受邀幫忙調製一百斤的香腸豬肉，也不過花了兩、三小時，可惜當時為了大量製作，必須利用機器來灌，做出來的香腸口味遜多了，原因只是香料經過機器灌時會產生一點熱度，揮發掉一些香味，所以灌這種古早味的香腸，數量不要大，用手來灌，香味比較濃。

我也曾將這個配方傳給台北某家台菜餐廳，教的時候師傅做出來的香腸沒問題，口味很好。隔了幾個月我到店裡試吃這道香腸，卻走味到根本不敢相信那是使用我傳出的配方，當時我在現場不斷試吃，想找出師傅出了什麼問題，主廚不斷告訴我真的是照我的配方，一兩一錢都沒減少。最後我請他拿出香料讓我看看，才發現他的香料早就走味了，保存得並不好，不但反潮，香味也全失，應該說香料早就死了，難怪灌出來的味道超奇怪的。

可是主廚卻告訴我：「客人都很滿意啊！」我告訴他只因為客人沒吃到原始的味道，才滿足於你所灌的香腸，但好滋味不該因香料敗壞而傳出錯誤的味道，所以我會告訴朋友們，學做這道香腸時，不要一次買太多香料，買多了就要有能力完全真空保存，不然就是需要時到有口碑的中藥行買這些香料當天做，如此香料走味的問題就可以避免。

至於灌香腸的腸衣，我多是到肉攤購買，雖然會貴一點，但方便多了，因為香腸的腸衣必須用特殊的刀子刮下來，之後用大量的鹽醃浸，在使用前還得泡上一天的水，才能將鹽分洗掉，而且一次賣都是十斤起跳。

由於不是用來營業，一下子用不了那麼多腸衣，所以每次我要灌香腸時，都會到熟悉的肉攤告訴他我要多少腸衣、多少瘦肉和肥肉。通常瘦肉和肥肉要分開剁切，每塊肉剁約半公分長寬，而不用絞肉，如此做出的香腸在咀嚼上能吃得到肉的彈性，比較有口感。現在外面的香腸都是用絞肉來灌香腸，吃起來比較平滑軟嫩，口感略遜。

我剛開始灌這種香腸時，兒子竟然有點不習慣，只因為吃慣攪碎的肉，忽然間改成有丁塊的肉，他有點不習慣，但吃了幾次之後，他就愛上這種咀嚼有口感的香腸。

這種香腸的作法是先從肉攤買來所需豬肉，醃過香料，浸泡兩小時，大概就入味了。在浸泡過程我不會將它放到冰箱去，因為放到冰箱，肉會連結在一起，反而不好灌。在醃肉時一定要記住，只有瘦肉能醃，肥肉絕對不可醃，否則肥肉非但不會吸收香料的味道，還會走味，所以我通常是醃兩小時瘦肉之後，再加入肥肉攪拌。

我會將香料倒進碗裡面，加入鹽、糖，再加水輕輕攪拌，切記力量一定要輕，因為香料很輕，太用力了會散飛出來。攪拌豬肉時要順時針，直到產生黏性，拿起來整糰肉不會掉下來，然後醃個兩小時之後，再將肥肉加入攪拌，就可以灌香腸了。

切記這種香腸是新鮮的，所以不能灌太粗，想碳烤或放烤箱都很方便，吃不完可以冷凍，但千萬不要生的就冷凍，否則在解凍過程中因未加防腐劑，很容易敗壞。

師傅寫的配方清楚的寫著，兩斤瘦肉配六兩肥肉，糖加三兩，鹽三點五錢，這就是最簡單的配方。若是想吃甘草口味，就再加五公克的甘草粉；若是要做五香的，就再加甘草粉並加二十八公克的五香粉，但是我覺得外曾祖母祖傳的配方卻仍是最完美的，甘草粉用五公克，五香粉十九公克，肉桂粉十一公克，如此灌出來的香腸人人稱讚，是劉家最好的香腸配方。

但我喜歡蒜苗口味的，就以兩斤的瘦肉配六兩的肥肉，加糖和鹽之後，配上兩隻切碎的蒜苗，一茶匙的辣椒粉，攪拌之後散發出蒜苗的香甜味，卻不怎麼辣，似辣非辣挺誘人的。

過年時我喜歡灌人蔘口味的香腸，三斤的肉我會用四分之一碗熬燉很濃的人蔘調味，吃起來口齒間有肉的甜滋味，也有人蔘的香氣。也可以將喜歡的中藥熬成四分之一碗的濃縮液，來調肉灌出藥膳香腸。

我不斷傳授這堂課，有學員擺些西洋的香料加以變化，效果也不錯。最主要是這道香腸未加任何防腐劑，在灌好仍處於濕濕的狀態時，別忘了拿牙籤在肥肉處戳個洞。想吃煎香腸，就在鍋裡面倒冷油，用小火煎烤，這種方式所需的時間比較長，若用小烤箱的話，我大部分直接放進裡面烤十多分鐘。

不要因為它外表濕濕的不習慣，因為現在買到的香腸多是烘乾過的，但這個香腸是吃新鮮的。聽我說到這裡，你是否會覺得時代變了，早年的香腸還滿健康的，怎麼傳到現在還會加那麼多添加物，讓很多人望之卻步。

香料香腸

材料（四條份）

① 豬肉(瘦肉)······ 1200g
② 豬肉(肥肉)······ 225g
③ 腸衣·············· 4 條

調味料

④ 甘草粉······ 5g
⑤ 五香粉······ 19g
⑥ 肉桂粉······ 11g

砂糖·········110g
鹽··············13g

1. 將所有的香料放入碗中，再加入 50ml 的水，用手指輕輕拌勻。

2. 取一個大調理盆，放入豬瘦肉，再加入步驟 1，順時針攪拌後，醃製 2 小時。

3. 繼續以順時針方向用力攪拌豬瘦肉，直到產生黏性為止，再加入砂糖和鹽。

4. 灌製之前，再加入豬肥肉，用手搓勻。

5. 將腸衣套在漏斗上。

6. 左手虎口壓住，右手填肉，用大拇指將肉塞進去。

7. 一邊填肉一邊調整香腸的寬度，香腸直徑大約控制在 3 公分。

8. 將灌好的香腸放入油鍋煎，用牙籤戳出幾個洞，煎至表面微微焦香即可上桌。

美 味 一 點 訣

1. 千萬不要將豬肥肉加入醃製，因為豬肥肉無法吸收調味料，並且醃過的豬肥肉，容易造成口味上的干擾。

2. 灌香腸時，千萬不能加酒，加酒會使肉質變酸，產生肉毒桿菌。如果非用酒灌製時，只能選擇高粱酒，但需加入亞硝酸鹽，抑制病菌滋長，故此強烈建議不要加酒及任何添加物。

蒜苗香腸

材料（四條份）

豬肉(瘦肉)……1200g　　腸衣……4 條

豬肉(肥肉)……225g　　蒜苗……2 支

調味料

甘草粉……5g

砂糖………110g

鹽…………13g

辣椒粉……1 大匙

1. 將甘草粉放入碗中，再加入 50ml 的水，用手指輕輕拌勻。

2. 將蒜苗切碎備用。

3. 取一個大調理盆，放入豬瘦肉，再加入步驟 1，順時針攪拌。

4. 醃製 2 個小時後，再放入切碎的蒜苗。

5. 繼續以順時針方向用力攪拌豬瘦肉，直到產生黏性為止，再放入砂糖和鹽。

6. 灌製之前，加入豬肥肉，用手搓勻。

7. 將腸衣套在漏斗上，左手虎口壓住，右手填肉，用大拇指將肉塞進去，一邊填肉，一邊調整香腸的寬度，將香腸直徑控制在 3 公分左右。

8. 將灌好的香腸放入油鍋中煎，用牙籤戳出幾個孔洞，煎至表面微微焦香即可上桌。

五柳枝

台菜最經典的一道菜是「五柳枝」，但是很多人對五柳枝的認識並不清楚，甚至很多店家將「紅燒魚」與「五柳枝」劃上等號，誤以為紅燒魚也就是五柳枝，其實這是錯誤的觀念。

五柳枝是台菜中對魚的烹調方式之一，作法和紅燒魚截然不同，紅燒魚的作法，酸甜較直接，配料也簡單；五柳枝則必須將五種不同的蔬菜切成絲，嚐起來要有甘的感覺卻不能甜，酸得要有層次感，還要有辣的感覺，卻不可以辣，這種調味方式要有相當的技巧才能調得恰到好處。

也因此有些台菜店家在做魚料理時，不敢冠上五柳枝，而直接告訴你，他只做紅燒魚。

五柳枝的作法則是將香菇、紅蘿蔔、黑木耳切絲，加上筍絲、金針等五種配料，就稱為「柳」，這五柳可以自行調配，打魯麵時會將金針打結，但做五柳枝時，金針就不會打結了。另千萬記住不要加青椒、杏鮑菇，因為第一它並不對味，第二是早年根本沒有青椒、杏鮑菇這種蔬菜，在古早味加了青椒、杏鮑菇豈不很唐突。

在我走訪的過程中，就曾聽到有人說古早味的材料裡要加青椒，在一旁的老師傅聽了馬上告訴對方：「你根本不懂古早味，那個時代怎麼會有青椒？青椒可是這幾十年才有的產物」。

五柳枝要做得好並不容易，我小時候，燕官阿嬤每次做完五柳枝，總會說句：「五柳枝哪有那麼容易做」，因為她每次可都是戰戰兢兢地做這道菜。

以前做五柳枝，一定會選虱目魚，說也奇怪，虱目魚加上五柳枝的羹，真的是絕配，而我從老師傅那邊學會的是，要做五柳枝所挑選的虱目魚，重量一定要兩斤至兩斤五之間，這樣大小的虱目魚，肉質配起來才會剛剛好。只是現在大家嫌虱目魚刺多，都不使用了，大餐廳選的魚會更高級一點，例如鯝魚。

五柳枝的魚一定要炸得非常酥脆，而且要炸到外酥內嫩，如此勾芡之後才吃得到魚的酥脆感，配上五柳枝那股帶著清香的酸味，還有甘甜、微辣的特有口感，吃起來酸酸甜甜，十分開胃。

現在已經很難找到早年的醋了，很多餐廳不知道怎麼搞的，廚師做五柳枝時會猛加醋，卻不知道醋加得很重，會有一種「生酸」的感覺。做五柳枝最重要的一點，就是選對醋，事實上，五柳枝的醋應該是溫和柔順的，絕對不會像有些餐廳做出來的那股酸嗆味道。

在遍尋不著好醋的情況下，我自己調製出一種醋來替代，這方式也讓老師傅拍手稱絕。我用四分的五印醋、三分的清醋、兩分的蘋果醋，剩下的一分是讓三種醋碰撞出完美的口味，說也奇怪，這樣子少了一分的作法，如此調出的醋做五柳枝最對味了。

有些餐廳會把這道菜做得既酸又甜，非常極端，其實這裡的甜味，只是甘甜的風味，千萬不要太甜，太甜就膩了，而且只會擺上一點不太辣的辣椒。別忘了台灣人的祖先是從大陸移民過來，早年的移民精神，先民都很注重養生，在台菜裡常常會加一些白胡椒，就是為了能驅風邪，而加甘草水則可以提拉甘甜味，也不吃辣，只怕傷身，因此只放一點辣椒，只要吃到一點點的辣味就可以了，必須把這些味道完美地組合、拉出。

南部早年有一家赫赫有名的台菜餐廳，十多年前逐漸式微，最近兒子開始接手，只是生意大不如前，我好奇的想知道到底發生什麼狀況？特地到這家餐廳點了一份五柳枝，一端上桌來，我兩眼瞪得好大，直問：「這是五柳枝嗎？」，看起來比較像土魠魚羹，只是土魠魚羹都比它還要好吃。

店家將土魠魚切成塊狀，裹粉去炸，回鍋油已經用了太久、太髒了，炸出來的魚塊又黑又焦，有點苦味，我很想問老闆：「難道你在學藝中，不了解五柳枝是整條魚炸，而不是切塊去炸的嗎？」。

此外，「五柳」不見了，只有大白菜跟白花菜，作法真是徹底的荒腔走板，大膽試吃一塊時，那酸味讓我眼睛都瞇了起來，我不知道老闆發生什麼事，怎麼會在這道菜裡加醋精？這道五柳枝是我吃過最失敗的版本。而他做出的排骨酥湯，每個人喝起來都是豬血湯的味道，我不知道這位已經六十多歲的師傅，當年是如何跟著父親學的。

師傅客氣的過來寒暄時，才知道原來他認為父親的作法太傳統，將被市場淘汰，所以他特地用心做了很多改良。他認為父親當年只是運氣來了才會生意好，而他年輕的時候，走遍台灣拜師學過多個菜系，認為只有自己的作法才能贏得客

人青睞，殊不知道，他做出來的菜就像「一齣災難片」，慘不忍睹。

我也看過有人做五柳枝時，將整條魚炸好，用幾絲蔬菜勾芡，就端上桌了，在此我要不厭其煩的重申，五種蔬菜切絲稱為「五柳」，酸、甜、辣三味都要完美呈現。

就像我燕官阿嬷常說的，「自以為會做五柳枝的人太多了，做得好的卻沒幾個人，只因為大家都不用心做菜，而且沒有拿到做菜的要訣」。

五柳枝是當年阿舍家的家常菜，燕官阿嬷說，外表炸得不夠酥脆乾爽的魚，根本不配做五柳枝，所以在炸的時候，要有耐性，慢慢的炸，開始時火侯不能太大，才不會把魚肉炸乾了。

我在餐廳吃到的五柳枝或紅燒魚，大多是炸過頭，火侯都太大，魚肉炸得確實酥脆，但肉質乾澀，所以不要以為五柳枝的魚為了酥脆，就把它炸乾，這可是一大敗筆。必須先用小火慢慢炸，認為魚肉已熟才轉大火，將它炸酥脆，而且在大火之下可以逼油，炸好的魚應該是酥脆卻不油膩，乾爽得很。

在做五柳枝的時候，不像做其它的菜餚，不能先爆炒蒜頭，而是先將香菇爆香，加點糖與醬油，收汁之後加入筍絲、紅蘿蔔絲、金針、木耳絲，略炒一下，再加水，小火燜煮約十五分鐘，煮約十分鐘左右時，加入切碎的蒜頭，這個蒜頭不用爆炒，而是中途加入。然後先加糖，將甜味做得恰到好處，不能太甜，之後加點鹽，讓糖的滋味溫和，而鹹味要恰到好處，不能太鹹，接著再加醋，醋加完後趕快勾芡，鍋子就必須離火，因醋遇到熱很容易揮發，所以要到最後才加。

五柳枝，這道台南的古早菜，也是台灣魚料理的古早味，只要照著原始作法去做，不要把醋弄得那麼嗆酸，我認為這道古早味非常能迎合現代人的口味。我不知道現在餐廳的師傅們到底在想什麼，總是把傳統五柳枝做得既酸又甜，倘若如此打著五柳枝的旗幟，卻做出不像五柳枝的五柳枝，那麼這道美味的台菜，將因為錯誤的認識，還會有人喜歡嗎？

我真的希望這道菜的原味可以讓大家好好的認識一番，而不希望大家以訛傳訛，對台菜產生誤解，認為它是又酸又甜的菜。

記住我們的祖先是挺有智慧的，他們的口味不至於這麼重，吃得又酸又甜，別忘了阿舍家可是很挑剔的，不夠迷人的菜，怎麼能傳承下來呢？

作法 # 五柳枝

材料 (十人份)

① 鱸魚……… 1 尾 (約 600g)	⑥ 桶筍……… 85g
② 香菇……… 130g(泡香菇	⑦ 蒜頭……… 10 瓣
的水留著備用)	⑧ 辣椒……… 半條
③ 紅蘿蔔…… 40g	地瓜粉…… 少許
④ 金針……… 15g	太白粉…… 少許
⑤ 黑木耳…… 55g	

調味料

五印醋……4 大匙
工研醋……3 大匙
蘋果醋……2 大匙
醬油 ……… 1 小匙
砂糖 ……… 1 又 1/2 大匙
鹽 ………… 1/4 小匙

1. 將三種醋依 4:3:2 的比例預先調拌均勻備用。

2. 將紅蘿蔔、黑木耳、桶筍切絲。蒜頭切末。

3. 先用地瓜粉將鱸魚抹勻,下 180 度的油鍋炸,以中火炸至酥脆。鱸魚起鍋前,轉大火,將油逼出,盛盤備用。

4. 炒鍋內倒入 1 大匙油，用小火將香菇爆香後，加入 1 大匙糖、1 小匙醬油使其入味，盛起備用。

6. 將步驟 5 烹煮 10 分鐘。

5. 另起一鍋，放入步驟 4、黑木耳絲、紅蘿蔔絲、筍絲，以及 360ml 的香菇水。

7. 接著，放入蒜末續煮 2 分鐘後，再加 1/2 大匙糖、1/4 小匙鹽提味，以及辣椒片。

8. 倒入步驟 1。

9. 最後，再加入太白粉水勾芡，淋在炸好的魚即可上桌。

韭菜花炒皮蛋

早年深信皮蛋可以潤喉、清肺、醒酒、去腸火，有食療效果，所以視皮蛋為一種食補。這道韭菜花炒皮蛋則是當年由阿舍家傳到酒家的菜餚，有一位阿舍家的總舖師，為了要變化菜色，利用阿舍家醃好的一大罈皮蛋設計出的菜餚。

皮蛋一般是用鴨蛋加石灰、草灰、鹽醃漬一百天而成，可是台灣民間流傳一種說法「用馬尿醃漬的才好」，我一直搞不清楚，早年是否真的用馬尿去醃皮蛋，我猜也許是因為吃起來有辛辣的味道，才會有此聯想。

不管怎麼樣，皮蛋既然有食療效果，有錢人家就買一大甕皮蛋食用，可是光是皮蛋剝了殼配稀飯，吃久了也會膩，所以總舖師才會用皮蛋設計出不同的菜色，滿足阿舍家人的需求。據說到過阿舍家的人都認為這道菜是下酒極品，輾轉之下將這道菜傳至酒家，所以說這道菜到底是阿舍菜還是酒家菜？時空已久，難以分辨了，但可以確定的是，這的確是道下酒、下飯的好菜。

這道菜的重點是皮蛋，選得好就成功一半了，選皮蛋的時候要挑選外殼呈灰白色，沒有斑點的，是為上品，拿在手中輕輕的搖它，殼內的皮蛋如果抖動得越大越好。還有個方法是拿在耳朵旁搖動皮蛋，聽它的聲音，好的皮蛋不會有聲音，品質較差的，就會聽到一點聲響，若是臭蛋，那聲音就大了。

皮蛋剝殼後，若有松針狀的結晶體，這種皮蛋最好吃。通常做這道菜的時候，會先將皮蛋煮熟或是蒸熟，這並非代表皮蛋是生的，而是希望它的蛋黃凝結，較容易處理。接著將皮蛋切丁塊，韭菜花則將花的部分剪掉不用，其餘切段，這些備料好之後，可別忘了手腳要快，鍋子一定要先熱，加了油之後，待油約八、九分熱時，保持大火的狀態，將皮蛋、韭菜花同時下鍋，接著鏟子慢慢地翻動約四下半，中途別忘了一邊加鹽，當四下半到的時候，淋上香油，馬上起鍋。韭菜花炒太久，辛辣的味道就會不見，而且也會失去脆度，更咬不到菜汁，帶點微微的韭菜特有的辛辣味，下酒時可以刺激舌尖上的味蕾，這道菜可不能再次加熱，所以吃多少就炒多少，千萬不要懷疑快炒四下半，韭菜是否夠熟了？

不知道你是否發現，台南人的魚丸湯，湯上來的時候不僅是撒芹菜，有些店家撒的是韭菜花。因為利用熱湯稍微燙過的韭菜花，反而可以使湯頭更為鮮美，從來沒有人懷疑韭菜花是否熟了。所以請相信我，韭菜花千萬別炒太久。

有很多人將這道菜誤認為蒼蠅頭，其實蒼蠅頭是用韭菜花炒肉末，這兩道菜是來自兩個完全不同的菜系。我常趁有空就先把皮蛋放在電鍋上蒸熱備用，需要的時候再拿出來，輕鬆就能做出這道菜，你不妨也試試看。這道菜受歡迎的程度，只有試做過、請過客的人才會深深體驗，當宴客時如果菜出得不夠時，這可就是我的壓軸戲，因為作法實在是太簡單！

我曾看到我的學員在上課後獨自試吃，一不小心就將自己的作品整盤吃光，相信這道菜可以成為你拿手宴客菜之一，會讓朋友們對你的廚藝叫好，小兵也會立大功。畢竟當年昂貴的皮蛋，現在可是非常的平價，時空的轉變，早年的人絕對不敢相信，現代的人要取得皮蛋是如此容易，現代人也無法思考，當年想吃皮蛋，可不是輕而易舉的事。

作法　韭菜花炒皮蛋

材料（四人份）

韭菜花‥‥‥ 140g
皮蛋‥‥‥‥ 3 顆

調味料

鹽 ‥‥‥‥‥ 1/8 小匙
香油 ‥‥‥‥ 1 小匙

1. 將皮蛋水煮或以電鍋蒸熟。

2. 將韭菜花洗淨，切除花的部分。

3. 將剩餘的韭菜花梗，切約 1 公分寬備用。

4. 將蒸熟的皮蛋撥殼，切成約 1 公分～ 1.5 公分的丁塊。

5. 鍋內淋上 1 大匙油，熱鍋後，隨即同時倒入韭菜花和皮蛋。

6. 接著，灑鹽，前後拌炒五下，最後淋上香油即可起鍋。

美味一點訣

1. 雖然皮蛋即使沒蒸過，也能直接食用，但是，蒸熟的工續，能使蛋黃凝結。如此一來，皮蛋切起來不僅外觀俐落整齊，同時方便調味，這是早期辦桌師傅的秘訣。

2. 最後拌炒的動作不宜太久，約來回炒個五下即可，否則韭菜花太熟，香氣會因此喪失。

酒家菜

第貳章

早年的酒家菜並非全然是台菜，屬於台菜中較為多元的代表菜。酒家菜在北部與南部的菜系發展又不相同，例如筍的料理，南部以「切絲」為主，臺北則以「切丁」或「切塊」比較常見。

酒家菜最大的特色是大量使用罐頭、干貝、魚翅、鮑魚⋯⋯在當年剛有罐頭與番茄醬的時代，以這兩樣食材入菜，是前衛的代表。

酒家菜最引人入勝處，在於口味重，能引誘人的舌尖味蕾，最容易勾起食慾。另外酒家菜的湯品都是精心的飲品，喝酒談不攏，需要醒酒、醒味蕾，湯品不可少，店家亦藉以⋯⋯

蜂巢蝦

蜂巢蝦也是酒家菜，這道菜要趁熱吃，在當年是屬於非常高貴的一道菜，因為做這道菜需要一大鍋油。

蜂巢蝦和蛋翅（P.70）是同一家族，以前師傅在做蜂巢蝦時會順便炸一些蛋翅備用，我先談談蛋翅，有些人會稱為蛋臊或蛋粒，先拿五、六顆雞蛋打散，加一大匙沙拉油繼續打勻，然後將油燒熱，準備兩個漏杓，一個漏杓是用來撈炸好的蛋翅，另一個漏杓要過濾加過油的蛋汁。

漏杓要拿離油鍋上方約二十公分處，將加油的蛋汁倒進漏杓裡，拿漏杓的手要邊左右用力搖晃，只見一顆顆蛋汁掉在油鍋裡，這時每顆是粒粒分離成一點一點的蛋汁，然後拿另一把杓子將它撈起瀝油，瀝乾油後，師傅通常會放在甕裡面保存。

蛋翅有什麼用途呢？倘若炒一盤絲瓜或煮絲瓜湯，拿一把蛋翅放下去，整個味道就變了，原本平凡的炒絲瓜，就多了一股濃郁的蛋香味，像是煎了很香的蛋加在一起，原始的絲瓜味會減弱，取而代之的是一股絲瓜與蛋翅融合一起的濃厚香氣。

若煮海鮮火鍋時，加一碗蛋翅下去，味道會更鮮美，而且湯頭會更濃郁，海鮮的味道會更加明顯。當你不斷一碗一碗喝完湯，要加湯時別忘了再加一碗蛋翅，嫌味道不夠時也可以再加蛋翅，它可是海鮮火鍋的最佳拍擋，也是最佳調味品。

為什麼有人叫它蛋臊、蛋粒，而我們叫它蛋翅呢，只因為早年蛋本身就很貴，屬於珍貴的食材，而還需要一大鍋油才能製造它，當初要一鍋油可不是普通人家能擁有的，所以覺得蛋翅和魚翅是同等珍貴，因而得名。

為什麼做蜂巢蝦時就會做蛋翅呢？因為做蜂巢蝦和蛋翅都要新鮮的油，倘若用回鍋油就會含有前一道菜的食材味道，這兩樣菜色絕對不能帶有其它濁味，要呈現出的是蛋的香味，既然是用最清澈的油來炸，當然師傅就會利用新鮮的油多炸一點蛋翅備用。

蛋翅是蛋裡面加油而產生的顆粒，蜂巢蝦也是蛋裡面加油，但必須多加一小匙麵粉去拌勻，因為加了油下去會一顆顆像蜂巢一樣的感覺，可是裡面拌有麵粉時，這些炸下去的蛋粒會凝結在一起。若不加麵粉就會像蛋汁一樣個個分開，不凝結，但蜂巢蝦是炸起來呈圓形的蜂巢，像一個直徑十八公分的圓盤大小，不能散開，所以加麵粉讓它凝結。

做蜂巢蝦的方式和做蛋翅有點雷同，只是有些變化，只要會做蛋翅就一定會做蜂巢蝦。作法是在鼎內倒一鍋油，燒熱之後關火讓它溫度稍微降下來一些，漏杓離油鍋約二十公分處，一手不斷搖晃著，另一手將蛋汁慢慢倒入，在搖過程中，杓子要稍微移動，讓蛋汁形成十八公分直徑的圓形，每個部分的厚度要均勻，這時油溫並不高，蛋汁倒完之後，趁其尚未凝結，馬上將蝦仁擺上去，接著將火開至最大，用杓子從下面拖住蛋蜂巢，在大火逼油後撈起，甩油之後盛

貳 · 酒家菜

在盤上。記住它的關鍵是最後一刻，將杓子放在蜂巢蝦底層托住，開大火，這有逼油的作用，蜂巢蝦就會逼出油來，吃起來比較乾爽不含油。

這道是古老的蜂巢蝦，但古老菜也有新吃法，如果在上面擠一層美乃滋，變成孩童最愛的口味。當然這道菜以現在眼光來看，膽固醇是高了一些，在當年物資缺乏的時代，能吃這麼好的菜可是經濟富裕的權利，那個時代有句話：「有錢人餐餐不缺油，窮人終年吃不到油」。

但吃不到油也未必是壞事，我認識的豆花伯曾告訴我，他十七、八歲時窮到在市場撿人家不要的菜葉回家燙熟了就吃，別人吃麻油，他吃的是芝麻葉，一天才磨五兩黃豆來做豆花，走了大台南一圈才賣出三碗豆花，但是窮使他的養生之道活到九十多歲，頭髮還很烏黑。

豆花伯說，老天總是會照顧窮人，他一輩子瘦巴巴的，卻沒有任何文明病，苦難的生活造就他健康的身體，所以吃得起油、吃不起油都是老天的安排，每一個人都順著自己的命運在走，享受命運的安排。

我做蜂巢蝦時會做一番變化，蜂巢上面擺的不只是蝦仁，還放蚵仔、花枝塊，這樣變化起來，小孩子都很喜歡，稱為「蛋披薩」，我甚至在上面擺綠色碗豆增加色澤。

這道菜在酒家是屬於奢華的一道菜，當年能吃到一顆蛋就很不錯了，可是做蜂巢蝦至少要五、六顆蛋，趁熱下酒吃，的確可以享受濃郁的蛋香味，普通煎一顆蛋可沒有那麼濃的蛋香味。

在當年炸蜂巢蝦只能用花生油炸而不能用豬油，用豬油炸起來會多了一股豬油味，不好吃。我聽阿田伯說，當年酒家可是用一個專門的鍋子炸蜂巢蝦，絕不能用炸過其它東西的鍋子來炸蜂巢蝦。

我曾經利用炸過魚的油來炸蜂巢蝦和蛋翅，吃起來夾雜一股怪味，根本沒人想吃，只好全部丟了。所以我相信當年一定用一個鍋子專門炸蛋翅或蜂巢蝦，我通常會用玻璃罐儲藏蛋翅擺在冰箱裡面，需要時再拿出來，炒米粉時我會加一點蛋翅下去，讓米粉的味道變得好棒。

炒米粉用的材料是高麗菜、胡蘿蔔絲、蝦米、香菇絲、肉絲去炒，米粉要先泡過水，但不能將米粉泡在水裡就走開，一定要在旁邊注意米粉的吸水狀況，在吸到水還有八分滿時將水倒掉，控管水分是為了炒出來的米粉帶有脆的感覺。

我會在鍋子裡先將蝦米、蒜頭爆香，再加肉絲拌炒，香菇、高麗菜、胡蘿蔔絲加入一碗八分滿的高湯，將這些材料煮滾之後，放進米粉拌炒，灑些蛋翅，這個味道你非試不可，試過的人一定會再試一次，成為拿手的招牌炒米粉。

在冬天我煮火鍋，總是一碗一碗的蛋翅加進去，使湯頭越來越濃稠，每舀完幾碗湯，就會加幾湯匙的蛋翅讓它滾。若你沒試過蛋翅，我會勸你非試不可，一定會愛上它的美味，也許你對這道菜很陌生，但認識之後可以學習做，在你的生活中會占有一席之地。

作法

蜂巢蝦

材料（四人份）

蝦仁 ………… 110g　　雞蛋 …………… 5 顆　　低筋麵粉 ……… 1 小匙

1. 調理碗裡打入 5 顆雞蛋，加入 1 小匙油拌勻。接著，倒出約 1 大匙的蛋汁至另一個調理碗，撒入 1 茶匙的麵粉。

3. 將步驟 2 倒入步驟 1 中拌勻。將蝦仁洗淨，放入調理碗，放入少許的蛋液拌勻，讓蝦仁和蛋容易結合。

5. 最後放入蝦仁一起炸。

2. 用手指將碗中的麵粉和蛋汁拌勻，注意不要讓粉末結成粒狀。

4. 將油鍋加熱，用漏勺使蛋液均勻撒入。

6. 炸至蝦子變色即可起鍋，盛盤。

美 味 一 點 訣

1. 步驟 1~2 的用意為取一部分蛋汁先和麵粉拌勻，能夠避免麵粉直接倒入產生顆粒狀的情形，導致攪拌不勻。

2. 在蛋液中加入麵粉，讓蛋皮酥脆並且易於凝結。

3. 油炸的過程中，蜂巢蝦的顏色可以稍深，不必特別擔心火侯問題。

蛋翅

古時候，新鮮雞蛋屬於高價位的奢侈品，因為每顆雞蛋都有機會孵化成一隻雞，所以在古時候，打了三顆雞蛋做蛋翅，宛如一次拿三隻雞做菜。在當時生活不富足的情形下，平常人家的雞蛋來源，通常是孵化失敗的雞蛋，然而這類型的雞蛋多半在烹調後，容易出現一股味道，這股味道無法當做蛋翅製作的原料，因此要選擇新鮮雞蛋。

在舊社會中，要擁有一鍋足量的油炸蛋翅，對小康家庭而言，並不是件容易的事情。由此可窺見，蛋翅在過去是何等珍貴，其珍貴程度，如同魚翅一般，因此美稱為「蛋翅」。這道菜隨時間消逝，因此坊間不知典故，常誤以「蛋粒」、「蛋臊」稱呼。炸過的蛋翅猶如黃色珍珠，吃起來的口感酥脆，入菜時的湯頭很香，十分迷人。

蛋翅

材料 雞蛋 …………… 3 顆　　沙拉油 ………… 1 大匙

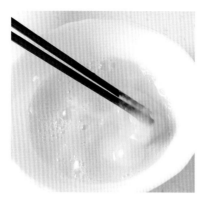

1. 調理碗打入 3 顆雞蛋，加入 1 大匙沙拉油攪拌均勻。將油鍋的油溫加熱至 180 度。

2. 將少量蛋液倒入漏勺，輕搖漏勺，讓蛋液平均撒入油鍋裡。

3. 待蛋翅飄上油的表面。

4. 用另外一個漏勺隨即撈起。

 美味一點訣

炸蛋翅時，不可以將蛋翅留在油鍋中過久，因為蛋液經過高油溫後，撈起時內部略含油質，仍處於加熱狀態，所以如果過度油炸，會使蛋翅顏色加深，外觀大打折扣。

作法 　　**蛋翅絲瓜**

材料（四人份）　　　**調味料**

① 絲瓜……1 條　　　　　鹽……1/2 小匙
② 蛋翅……約200g
③ 蒜頭……2 瓣

1. 將絲瓜削皮，切塊備用。

2. 蒜頭拍碎後，下油鍋，以小火
　 爆香。

3. 接著，加入絲瓜一起拌炒，再
　 加鹽調味。

4. 最後倒入 300ml 的水以及蛋
　 翅，煮滾即可上桌。

作法

蛋翅炒米粉

材料（四人份）

① 豬肉絲 ······ 70g
② 胡蘿蔔 ······ 40g
③ 高麗菜 ······ 150g
④ 黑木耳 ······ 70g
⑤ 蒜頭 ········ 2 瓣
⑥ 蛋翅 ········ 約 200g
⑦ 米粉 ········ 500g

調味料

鹽 ·············· 1/2 小匙
白胡椒粉 ···· 1/8 小匙
米酒 ········· 1/2 大匙

1. 將米粉泡水備用。

2. 高麗菜切塊，胡蘿蔔切絲，黑木耳切絲，蒜頭切末備用。

3. 蒜頭以小火爆香。

4. 加入豬肉絲拌炒，再淋上米酒，加入鹽和白胡椒粉調味，再放入步驟2。

5. 倒入 100ml 的水、米粉和蛋翅一起煮開。

6. 待收汁後即可上桌。

酢醋蝦

我認識一位阿田伯，他說人生幾乎都在酒家度過，現他已高齡八十多歲，談起酒家菜如數家珍，沒想到他曾告訴我：「要吃酒家菜不難，最難的是吃到阿舍菜」，因為酒家有錢就吃得到，阿舍家的菜有錢還吃不得到，即使有認識阿舍，也還不見得就有機會吃到，要關係好到阿舍願意請你到他家吃飯，那可真是難上加難。

和阿舍在一起，他寧可在外面和你吃飯，要進入他家用餐就不容易了。阿田伯說年輕時經濟能力不好，想上酒家根本是不可能的事，可是愛吃的他聽說酒家的師傅手藝非凡，每名師傅都能做出好吃的菜，於是他就跟在有錢的商人身旁當小弟，學做生意，因為他態度好，很賣力做事，所以很得人疼愛，後來有錢的商人上酒家，偶爾也會帶他去，在酒家裡他嚐到外面吃不到的口味和菜餚。

他平時縮衣節食省下些錢，存夠錢就自己上酒家飽足一餐，後來他經商有成，因事業上的需要，也不得不帶客戶上酒家了，但他通常是下午四、五點先到酒家訂位，然後趕緊回家吃飯，因為年輕時食量很大，若只靠在酒家想吃得飽，只怕銀子不夠花。

他說當年想在酒家當師傅並不容易，有些紈絝子弟天天上酒家，興致一來還會

出題考考師傅，趁機刁難一下，當年的師傅要腦筋轉得快，反應要好，一旦客人將師傅叫出來出考題，師傅必須見招拆招，做出客人指定的菜色，以滿足客人的要求。

他說有一道酒家菜「五子哭墓」最經典，有一次客人心情不好，上了門就將師傅叫出來，要他做出一道五子哭墓，根本沒有這種菜，但客人既然出題，師傅就要能夠解答。竟然將桂花干貝炒出一個圓塚擺在盤中，再將土司切成長方形炸過，擺在圓塚前端，看來就像是墓碑，燒烤五隻斑鳩擺在土司前，如此就完成所謂的五子哭墓，客人看了哈哈大笑，輕鬆過關，如此南部酒家就傳出這道「五子哭墓」了。

阿田伯說他的前半輩子在酒家度過，酒家還有一道「十面埋伏」也是他的最愛之一，他不知道這道菜是哪位客人出的題目，但師傅就是將筍絲、干貝、銀芽、肉絲等食材炒好之後擺盤，再煎一個蛋皮，刻成網狀，放在菜餚上面，就成了「十面埋伏」。

另有一道「蜘蛛大夢」，客人進門喝酒到一半，興致來了，起鬨要師傅做出這道菜。那時他和所有人坐在旁邊想，師傅這下可要開天窗了，哪有蜘蛛可拿，想不到師傅用泡過黑黑的蚵乾、蝦米炒肉絲、筍絲，炒好之後上面放個稍蒸過的油網膜蓋在上面，再炸幾隻小溪蝦擺在旁邊，油網膜的網狀很像蜘蛛網，這個蜘蛛大夢也就如此過關。

有道「文武過橋」，師傅過關的方式挺有趣，盤子的左半部是剁好的鹹水雞，右半部是剁好的燻雞，一條土司切割成圓拱形模樣炸過，擺在兩種雞前面，鹹水雞白白的，像文人一樣不曬太陽；略帶醬色的燻雞則像個武人，常曬太陽，

有點黝黑，一邊文一邊武，中間有個橋，不就是「文武過橋」嗎？

酒家師傅除了要會做菜，也要有點幽默感，而且能夠很機靈的應變客人的刁難，滿足客人的要求，南部的酒家常常有這種情形，所以衍生出的特殊菜餚也都能讓人會心一笑。

在台灣的酒家其實都不是在地人開的，在地人大多開飲食店，就有如現在的餐廳，外地人離鄉背井來到台灣開酒家。有人說在地人開酒家很不方便，有太多親族包袱，做起事來不俐落，又擔心別人閒言閒語，外地人沒這個包袱，這也是一種特殊的酒家文化。

「酢醋蝦」在酒家有兩款作法，一款比較冷門，是將五、六顆蛋打發，倒進鍋裡煎成厚厚的圓形，再將撥好殼的大明蝦擺在蛋汁內，用小火煎好盛盤，這個作法的困難是蛋要煎得夠厚而且不能破，只是吃起來沒什麼味道。

另一款酒家較風行的酢醋蝦，是將大明蝦中間切個洞，將醃過的筍子切約成三公分長、一公分寬，香菇切絲，火腿也切約三公分長、一公分寬，用瓢乾綁起來，塞進大明蝦中間的洞，然後裹著蛋白下油鍋炸，炸好瀝油。另在鍋裡面倒些油，再倒入番茄醬爆炒、加糖、高湯、少許鹽、五印醋，勾芡淋在剛炸好擺盤的蝦子上面，就是酢醋蝦。

酒家用的都是時髦的東西，六、七十年前火腿才傳入台灣，那時稱為「哈姆」，算是新潮的食材，在酒家會使用，這裡就應用在酢醋蝦當配角。

當初會叫「酢醋蝦」這個名字，是因為番茄醬有點酸味，又加少許醋調味，都

是屬於酸的味道，所以這道菜會偏酸一些，但可不要加太多醋，搶了番茄醬特有的果酸味，醋只是拉提作用，讓酸味更明顯。我看過做不好的餐廳，將醋加太多了，那股酸真的沒技術可言。

利用番茄醬做酢醋蝦，番茄醬的的使用量要多，五印醋只是輔助作用，可是有些餐廳的番茄醬比例不夠多，加的又是清醋，誤認為這道菜「酢醋」兩個字，以為就是很酸的蝦，做出來的菜太嗆酸了，犯了台菜的大忌。

台菜和其它菜色在酸的表現有其獨特之處，酸得很婉約，很少直接出現嗆酸味。在台灣菜系中最直接的酸，應該屬於客家菜的薑絲大腸，它的酸非常明顯又直接。我在台菜餐廳發現，有些師傅誤以為遇到甜味就會做得很甜，酸味就做得非常酸，像個愛恨分明的烈性女子，卻不是我所熟悉的溫柔婉約的台灣女子。

酢醋蝦在餐廳裡面如果做得太強烈，不見得太有好評，連我吃過都不敢領教，但若是原始的酢醋蝦則非常吸引人，酸得很順口，是一種番茄醬的果香味，連不喝酒的我都覺得它下飯，我相信喝酒的人更會喜歡它的味道，會認為是好的下酒菜。

不過由於番茄醬本身略帶鹹味，所以在做酢醋蝦時，千萬別加太多鹽，免得太鹹了。我有時候會換個作法則是不加鹽，而改加一點醬油，如同老師傅教我的，加鹽的顏色會漂亮，但加醬油後顏色上會略暗，但會使番茄醬的味道更強烈。

倘若要吸引味蕾的喝采聲，別忘了番茄醬在油鍋裡面動作要快，材料要事先備好，我的方式是先在油鍋裡爆炒一點洋蔥，讓它產生一種甘甜味，加入番茄醬，大火快炒兩下，馬上加入糖，在糖快融化時，加醬油，這時怕它焦了，趕快加

入高湯，等它滾開時加五印醋，馬上勾芡。

這時千萬要注意，醋別加得太早，在起鍋前加就可以，因為醋遇到熱會揮發掉，醋一加下去整個酸味變得更有層次感，這個酸才是屬柔和型。我在烹飪教室上課時，學員們都很驚訝，以為酢醋蝦應該很酸，是道不太能接受的菜，想不到它酸得如此順口迷人，還問我不是那麼酸的東西為何要取名為酢醋蝦？

原來當年的口味認為番茄是酸的，番茄醬應該也是酸的，加點醋可以拉提，讓酸味產生變化，所以才有這個菜名，但實際上做起來沒有那麼酸，通常我在做這道菜時，會多做一些醬汁，因為醬汁真的讓人忍不住會多沾它一口，不做多一點真的會不夠用。

作法

酢醋蝦

材料 （六人份）

① 大明蝦‥‥6 隻
② 火腿‥‥‥1 片 (約 2 公分厚)
③ 香菇‥‥‥2 朵 (約 10g)
④ 酸菜‥‥‥1 片 (約 200g)
⑤ 桶筍‥‥‥1 片 (約 50g)
⑥ 瓢乾‥‥‥10g
　蛋翅‥‥‥約 3 大匙 (作法參照 P.71)

蛋白‥‥‥‥1 顆蛋
太白粉‥‥少許

調味料

番茄醬‥‥ 2 大匙
五印醋‥‥ 1/2 小匙
砂糖‥‥‥ 2 大匙
鹽‥‥‥‥‥ 1/4 小匙

預備工作

1. 將火腿切成 1 公分寬的長條狀。

2. 香菇也切成長條狀。

3. 酸菜泡過水後，切成 1 公分寬 3 公分長。

4. 桶筍切成 1 公分寬 3 公分長。

1. 將火腿、香菇、酸菜、桶筍用瓢乾綁成束狀，打結之後，留下約 10 公分長的瓢乾。

2. 將蝦子保留頭尾，其餘部分去殼。蝦身中間橫切約 2.5 公分的切口。

3. 將步驟 1 的瓢乾穿過步驟 2 的切口，將步驟 1 固定在蝦子的背部後，打兩個結固定。

4. 將步驟 3 沾裹蛋白後，下 180 度的油鍋炸，炸至呈紅色即撈起，擺盤。

5. 鍋中倒入 350ml 的水和番茄醬，續入醋、糖、鹽調味。

6. 趁醬汁熬煮時，放入蛋翅。略微煮開後，再倒入太白粉水勾芡。淋上步驟 4 即完成。

炒響肚

炒響肚的口味之好讓人無法忘懷，咬起來脆脆的容易入口的豬肚，加上濃濃的台式醬油糖香味，略帶一點酸味，說它辣卻又不辣，只要吃了第一口就欲罷不能，很能征服味蕾，曾是飲食店和酒家的最愛，卻消失四、五十年了。

我認為這道菜會消失，應該是師傅在傳授功夫時根本沒有完全傳出，才會越做越難吃，到最後無人問津而失傳，因為根本無法單憑吃過這道菜，就想出破解法。

炒響肚在調味時若先倒醬油，再加一點糖，調出來的鹹甜口味會有點呆澀感，遜了一截，一旦改成先將糖下鍋爆炒幾下再加醬油，鹹甜的滋味會變得非常繽紛，這應該就是祕訣了。

有些人在吃到炒響肚的味道而想模仿時，會想多加一點糖讓它更搶味，反而畫蛇添足。這種心態連廚師也有，就如台南的炒鱔魚意麵，早年好吃的店家已所剩不多，新開的店家好像在比酸、比甜，最近我看到市面上的鱔魚意麵，客人能將一盤吃光光就了不起了，那種既酸又甜的口味讓人不敢領教，如此久了，

倘若好的店家逐一消失後，鱔魚意麵就不再迷人了，只怕屆時也會走入歷史。

我認為，如果真想傳功夫，必須盡心盡力，可是有些老師傅卻有個缺點，凡事不會全部告訴你，留一手是常有的事，讓徒弟根本做不出他的口味。我也曾做出既生又咬不爛的炒響肚，幸好我和海水伯一直有往來，感情越來越深厚，他才告訴我箇中祕訣。

所以我在開辦烹飪教室傳遞台菜時，第一堂課就開宗明義的強調必須先上文化課，教導學員認識當年的文化背景、食材的取得、做菜的祕訣，讓大家知道哪幾個步驟不能少，哪些步驟不可有，絕不能留一手，否則台菜的明天在那裡我就不知道了，一定會走樣。

這道菜吃起來會發出脆響的聲音，早期乾脆稱為炒響肚，通常吃東西不宜發出聲音，但這道菜最有趣的就是咬起來有清脆的聲音，而非不雅，是典型的酒家菜，屬於台菜中較重口味的菜色。

酒家賣的是酒，但酒喝多了味蕾會遲鈍，沒什麼食慾，吃一口炒響肚後，會在口中蹦發出甦醒的感覺，讓味蕾再度醒來，因此酒客最愛這一味。但不喝酒的我卻認為它很下飯，通常在做這道菜時，醬汁會多調一點，夏天食慾差時，有了醬汁就感覺很下飯，在宴客時我常看到賓客不小心將湯汁倒在飯上，吃了一口飯之後，會拿起湯匙舀更多湯汁拌飯吃，其它人跟著做，發現很下飯，湯汁就不夠了，為了不讓賓客掃興，我通常會多留下一些湯汁，當客人將湯汁舀盡時，我會再補充，讓大家拌飯用。

炒響肚在市場上消失四、五十年，很難想像當年可是赫赫有名的酒家菜，不少酒客喜歡這道菜，也不少人到酒家取經，可惜現代人對炒響肚幾乎都沒聽過。我曾做這道炒響肚宴客，微甜中帶酸和略辣的口感，嚐過的人無不驚嘆其爽脆的口感，稱讚它果然是早年的下酒名菜。

不過我認為炒響肚是夏天最好的下飯菜餚，在飲食改革上，我甚至會將它列為台菜的前菜，當小品使用，而不希望它消失於市場，落得無人問津的下場。

我在屏東認識年近八旬的海水伯，他年輕經營飲食店時，許多顧客可是慕炒響肚之名而來，他表示，這是道台菜中比較重口味的菜，鹹中要帶有醬油的香味，略甜的口味當然是加了二號砂糖，但沒有經驗的人，一不小心就會加多了糖，產生一股甜膩的味道，而不是爽口的甜滋味。

有些人認為台菜一定是很甜，殊不知台菜的甜是甘甜，而不是甜到嚇人，也有人說台菜啟蒙於台南，台南吃得很甜是因為炫富的關係，加了大量的糖表示很有錢，這種說法真的讓老台南人啼笑皆非。我們不否認現在台南的小吃攤，簡直是一家一家比看誰做得甜，可是這些甜得很怪的店，可是無法吸引老台南人，反而是觀光客和部落客涉足的店家。

台灣是個移民國家，很多唐山過來的移民精神就是注意養生，在添加物上用得最多的是甘草和胡椒。早年的一些老店會在廚房裡放一個水壺，裡面裝的是放很多甘草片煮過的甘草水，做菜時就從水壺倒出甘草水使用，再加一點糖就有甘甜滋味，台南的老店不是笨蛋，不會用大量的糖來增加成本，還甜膩到將客

人嚇跑。

台菜有略甜，但真正涉獵下去可發現，台菜的甜比日系的照燒順口誘人，甜得有道理、有脈絡，現在的店家因做不出甘甜的口味，不知道從甘草水製造甘味，而只會一昧加糖，那種甜膩感吃不了很多，反而讓人卻步。

炒響肚的甜滋味，最能詮釋台菜早期甘甜的滋味，口味中略帶一點醋，所以有酸的感覺，這種酸帶著甜滋味，讓甜滋味特別誘人，可是這道菜要是做不好，真的酸甜到令人不敢領教。

我覺得炒響肚在這四、五十年會消失於市場，是因為從師傅口述中知道有鹹甜酸辣四種口味，學徒卻不懂得拿捏，做出荒腔走板的調味，過度強調酸或甜，一切失去均衡，砸掉這道菜的溫柔婉約感，猶如不懂化妝的化妝師，太濃妝艷抹了，不懂得拿捏。

炒響肚的豬肚一定要做到脆脆的，咬起來有嘎嘎叫的聲音，很多人卻不知道如何烹調，落得讓客人咬了半天連嘴都酸了，豬肚還咬不爛，最後當然乏人問津了。

這道菜的祕訣在煮豬肚的功夫，豬肚要煮得爛，吃起來才不會久咬不爛，難以吞嚥，但懂得煮爛的人在將豬肚切絲爆炒時，卻炒不出脆脆的口感，大家想不透老師傅是如何能將豬肚炒得脆脆的，嚼起來發出嘎嘎響的聲音，卻又容易入口。

所謂「江湖一點訣，說破不值錢」，就像大火炒鱔魚，不懂得只要花十一秒，冒著火焰熱度快炒幾下即起鍋，即可以炒出脆的滋味一樣。

海水伯告訴我，祕訣在於煮爛時火要開到最大，旁邊準備一大盆冰塊備用，將煮得滾燙的豬肚撈起直接放進放冰塊的盆裡，用手不斷將冰塊覆蓋，讓豬肚急速冷卻，這時整個豬肚皮就緊縮變得脆脆的，用手觸摸，原先軟韌的豬肚變得緊實有勁，切絲之後以一分鐘時間大火調味，就做成當年酒家赫赫有名的炒響肚。

別忘了拍點蒜頭，將醃過的筍切片，紅蘿蔔切片，加上一些黑木耳，放在碗裡備用，油鍋一燒熱，將這些東西倒入鍋裡大火拌炒，若淋上一點米酒會出現一股火苗，增加一股鑊氣，調味時別忘了先加少許糖，而非先加醬油，然後再加醬油和五印醋，關火之前才淋上少許香油拌一下，如此起鍋讓人愛不釋口，吃不完放在冰箱，下一餐再拿出來吃，冰涼的吃，味道也真好。

你沒吃過炒響肚，絕對不知道它是什麼味道，總不能瞎子摸象，雖然我有心將它還原，讓大家再次認識它，可是不管書本或透過螢光幕所看到的，都是表層，無法體會它的滋味，也有可能會做得太強烈了，而將它的味道變得更難吃。這道菜雖然有放一些辣椒，但辣椒的品種並不會很辣，只是略帶有辣的口感而已，別忘了台菜有個特色是「要有辣的感覺卻不可以辣」。

這道菜用半個豬肚就夠炒一盤，但如是宴客，我通常會用兩個豬肚，因為每次端上桌，賓客吃完總會覺得意猶未盡，想再來一盤，如此追加下去，倘若不炒

四份，自己幾乎都沒得吃了，可見受歡迎的程度。

海水伯告訴我，每個星期都有一群朋友找他一起小酌，他年紀大了，不像以前會煮一堆菜請大家吃，每個朋友都會自己帶一些菜來，但炒響肚永遠是他最期盼的下酒菜。

炒響肚

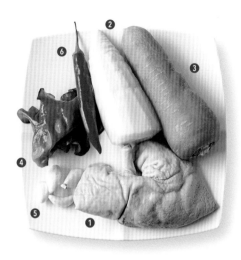

材料（四人份）

① 豬肚……… 240g
② 桶筍……… 90g
③ 紅蘿蔔…… 70g
④ 黑木耳…… 80g
⑤ 蒜頭……… 2 瓣
⑥ 辣椒……… 1 條

調味料

鹽………… 1/2 小匙
砂糖……… 1 又 1/2 大匙
五印醋…… 2 大匙
醬油……… 1 大匙
香油……… 少許

1. 將豬肚切成 2 公分寬的菱形片。桶筍和黑木耳切片。紅蘿蔔切滾刀片。

2. 將豬肚煮至熟軟，趁豬肚熱時，放入冰塊中急速冰鎮，再撈起備用。

3. 鍋中倒油，將切碎的蒜頭爆香。

4. 接著，轉大火，放入步驟 1 及辣椒片，快速爆炒。

5. 依序加入砂糖、鹽、醬油調味。

6. 起鍋前放入醋及香油，整個烹煮過程以不超過 3 分鐘為佳。

鹹蛋四寶

我認識阿田伯的過程很有趣，有一次在台菜餐廳用餐，阿田伯和一群老朋友剛好在我的隔壁桌，我們這兩桌點的菜和其它客人都不同，我偷瞄他的菜色，他也偷瞄我的菜餚，偷瞄的過程我們彼此看到對方的眼神，兩人會心的一笑。

後來我忍不住跑過去和阿田伯攀談：「你點的菜很有特色，有幾道菜我也不懂，能不能請教你」，他則告訴我：「依妳的年齡會點這道菜，確實對台菜還有些功力」，兩人就這樣聊起天來。

他介紹我席上的朋友，原來他們是個「酒友會」，年輕時常出入台南赫赫有名的寶美樓酒家，在聽到寶美樓酒家要關門的消息時，一群人還去當過最後一批的客人，後來寶美樓關門，他們依然每半個月到台菜餐廳聚餐一次。

就在這種機緣下，兩人從一家餐廳隔壁桌的客人，互留下電話，彼此聯絡成為好友。阿田伯懂吃卻不會做菜，而我喜歡做菜，卻仍不懂很多台菜當年是如何做出來，又是什麼口味，就這樣雙方約定，有些他們吃不到的菜，由他們口述當年的作法及味道，我下廚去摸索，如此酒友會才不會老是遺憾吃不到當年的美味菜餚。

此後我們就像在進行武俠小說中的「台菜論戰」，這七、八位長輩成為我的師傅，告訴我那些菜是怎樣的口味，我做出來的菜給他們品嚐時，他們也會道出我的缺點，哪裡不夠味，哪裡口味偏弱了，讓我可以改進，這群朋友就像是我的酒家菜啟蒙老師。

阿田伯說，酒家菜和阿舍家的菜相較，酒家菜的口味比較重，在食材的選擇搭配上也以下酒菜為前提，倘若做不出引人食慾的菜，在酒家根本不能生存，因為在酒家就要吸引客人大量的吃，菜餚才賣得好，酒也相對賣得多。

上酒家的人不點白飯，想吃飯自己在家吃個飽就好了，到了酒家還要拿白飯來配，是會被笑話的，有人還會嘲笑說經濟不夠好就別上酒家了，上酒家就是吃菜、喝酒。

酒家的湯品最是極品，阿田伯回憶年輕時，曾經因為父親生病沒食慾，為了想要父親吃飯，他靈機一動，到酒家叫一鍋湯品送回家，勸父親喝幾口，想不到父親一下就喝兩碗，覺得很開胃，第二天再叫一鍋湯回來，他經驗老道的在碗裡面加一點白飯，然後舀湯讓父親食用，他父親覺得超順口好吃，喝第二碗湯時就要求白飯多加一些，越吃越順口，越吃越愛它的味道，就這樣吃了十來天。他父親慢慢恢復體力，所以他常笑說酒家菜可以治病，食慾不好就做酒家菜，保證開胃。

他告訴我當年寶美樓酒家有鎮店三寶，魷魚螺肉蒜、筍絲泥鰍、鹹蛋四寶。這三道都是湯品，因為在酒家酒喝多了，舌頭的味蕾就會不見，吃了什麼東西沒什麼感覺，所以這些鎮店寶有促使味蕾甦醒過來的作用。

寶美樓鎮店三寶真的沒話說，現在吃到的魷魚螺肉蒜，都無法和當年的寶美樓做的口味相比。那時酒家在設計菜色可是非常用心，如何讓人忍不住多點一盤菜，多喝一些酒，處處都有玄機，不像現在的餐廳菜色隨便開，點了幾道菜，飽了就不想再吃了。

當年在酒家是看你口袋夠不夠深，因為每道菜的菜色都很好，讓你想吃遍每一道菜，現在飲食界就沒這個功力了，大多只會做菜，卻沒有讓人欲罷不能的霸氣。

鹹蛋四寶是寶美樓的鎮店寶，鹹蛋要選紅土鹹蛋，蛋黃的油脂才會夠，將紅土洗掉之後，打開蛋去掉蛋白，用水將蛋白沖掉，讓蛋黃變乾淨，你可能不知道可以用鹹蛋來入湯。

鹹蛋四寶一上桌，上面漂浮著五顆鹹蛋，下面的文火燒滾著，阿田伯說這時候不是急著喝湯，而是要先搗碎幾顆鹹蛋，讓湯頭剎那間變濁了，可以看到鹹蛋的橘紅色的小油脂浮在湯上面，但大家仍不急著喝湯，而是讓它略滾一下，這湯頭才能散發出最美的味道，阿田伯笑說，現代人可能不懂吃鹹蛋四寶的技術，不知道要先點破蛋黃。

鹹蛋四寶的四寶並不固定，魷魚是一寶，也可以將魷魚換成干貝；排骨也可以換成軟骨或五花肉，第三寶是豬肚，這一寶就很少調換了，第四寶是一罐罐頭，可以選仙女貝或鮑魚罐頭，酒家菜怎會沒罐頭存在呢？

這四寶選好之後，豬肚要先煮到六分熟，豬肚湯千萬不要用，畢竟煮過豬肚的湯太濃，加入豬肚湯，會使整鍋湯變濁，接著將豬肚切成長四公分的菱形狀，

軟骨汆燙過,去血水洗乾淨,加豬肚放在鍋裡煮,加入一些泡過魷魚的水及罐頭的湯汁,煮到肉熟嫩了,再放入魷魚,另將五顆鹹蛋放進去,在關火前一、兩分鐘才放入仙女貝或鮑魚。

我做出來的鹹蛋四寶頗受阿田伯酒友會的歡迎,阿田伯說我做那幾道酒家菜,只有鹹蛋四寶做得比當年寶美樓更好,這對我可是最大的鼓勵。阿田伯說,菜做得好不好,我都會實話告訴妳,只希望妳能做出當年的口味,讓大家有得吃。他們為了有得吃,一直以口訴方式教我做出道地的台菜,只是萬萬沒料到,我竟能將寶美樓鎮店三寶中最重要的一寶做得比當年更好。從此以後酒友會常常央我做鹹蛋四寶,鹹蛋四寶也成為我的拿手招牌菜。

鹹蛋四寶

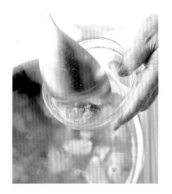

材料（六人份）

① 乾魷魚 ………… 110g
② 排骨 …………… 300g
③ 仙女蚌罐頭 ⋯⋯ 1 罐
④ 豬肚 ……… 240g
⑤ 鹹蛋黃 ⋯⋯ 3 顆

1. 先將魷魚洗淨、浸泡，先切花，再切 5 公分寬備用，浸泡的水也留著備用。

2. 將豬肚煮至六分熟，再將豬肚切成 2 公分寬的菱形片。

3. 排骨洗淨並汆燙備用。鹹蛋黃也洗淨備用。

4. 在鍋內倒入泡過魷魚的水以及排骨熬煮。

5. 待排骨熟後，再加入罐頭的湯汁以及 600ml 的水。

6. 將鹹蛋黃放入鍋中，待水滾後，加入切花的魷魚，一起煮約 2 分鐘。

7. 煮鹹蛋黃的同時，戳破其中一顆鹹蛋黃，使之溶進湯裡，增加湯的鮮度。

8. 最後加入仙女蚌即可起鍋。

香油煎肝

現在有些台菜餐廳的菜單上仍保留著「香腸」這道菜，早年顧客上餐廳，不曉得師傅的手藝如何，強項在那裡，就會先點一份香腸品嚐一下，當年的香腸可都是師傅自己的獨門配方，也是自己灌的，所以品嚐香腸的口味就可以知道師傅的功力和做菜口味的偏向。

如果端出來的香腸是原味的，帶有甘甜清爽的滋味，那點菜就可以點紅燒羹、紅燒魚、紅燒肉，因為顯示師傅在做甜滋味的運用很成熟；倘若端出來的是五香香腸，如味道重一點的，口味又不錯，那就點他的炸排骨、排骨酥湯、魷魚螺肉蒜湯等，準錯不了；假設端出來的不僅是五香，還加了肉桂等香料，那這位師傅玩弄香料的境界就高了，而且每一道菜一定都做得非常純熟，這時非得點「香油煎肝」不可。

可是這年頭用這個方式來試師傅的功力可能就不準了，因為首先配方不一定是師傅自己研發出來的，其次香腸有可能也不是師傅灌的，或許買的是市場的或是品牌的香腸，因此想從香腸看如何點菜，這年頭就行不通了。

正所謂「滄海桑田，物換星移」，世事變化難料。早年殺一頭豬也只有一副豬肝，

所以豬肝的價格一向偏高。小時候我十元可買到十顆粽子，裡面的餡料還不差，可是媽媽拿十元去買豬肝，豬販也只會切五、六片給她，這樣你就知道當年的豬肝可是屬於高價位的食材了。

不過雖然豬肝屬於高價位的食材，卻因為大家相信吃豬肝可以補血，所以經濟情況可以的，都會買一些回家吃，甚至很多阿舍菜、酒家菜都以豬肝來做菜。酒家菜強調的高檔食材，越是高檔的食材越會拿來當材料。

只是時代變了，吃豬肝的人變少，豬肝價格變便宜，根本沒人會覺得它在當年可是昂貴的食材，這些變化真的讓當年的人無法想像。不過我必須告訴你，即使你不喜歡吃豬肝，這道「香油煎肝」絕對會讓你食指大動。

這道菜是典型充分運用香料的代表菜，五香粉是它的靈魂與關鍵，但是想做這道菜，千萬不要到超市買五香粉，也不要用存放家裡好久的五香粉，非得使用新鮮的五香粉。五香粉一拆封後，就會慢慢走味，可是做這道菜重要的是香料的美味，香料一定要新鮮，因此我會建議到中藥行買一些夠用的新鮮香料回來就好。

在此我要提醒一下，買豬肝時可得小心挑選，一定要選擇俗稱「柴肝」的豬肝，早年市場上有一副「粉肝」，大家就會搶著買，其實粉肝就是豬的脂肪肝，用粉肝去煮豬肝湯，又滑嫩又略脆，所以很受歡迎。

不過早年的粉肝取得並不容易，因為不是每一頭豬都可以養得肥肥的營養過剩，得到脂肪肝；但是現在市場豬肉攤放眼望去，每攤賣的幾乎都是粉肝，想買柴肝還得事先交待。

並不是現在的豬都得了脂肪肝，而是豬販變聰明了，有能力加工製造粉肝，只要將平常的柴肝從血管位置灌進大量的水，來回壓上幾次，就變成粉肝了。它不僅外型看起來是粉肝，吃起來的口感和粉肝一樣，因為灌過水的豬肝，吃起來有粉肝的口感，所以每次我想做香油煎肝，就會事先到市場交待「我要買柴肝不要粉肝」。

但是我不會笨到向豬販說：「我的豬肝不要灌水」，畢竟這個灌水功夫是可做不可說的事，那麼到底粉肝和柴肝要如何分辨呢？簡單的說，粉肝的顏色略淡，偏白一些，呈現比粉紅色還重一點的顏色；而柴肝則是很深的暗紅色。

柴肝買回來後，我習慣切成厚約一公分的薄片，切完之後，豬肝會加五香粉、糖、醬油、香油、少許胡椒粉，用手將它搓揉進豬肝裡面，讓這些材料融化，之後我會將它浸漬醃泡兩小時，讓它入味一些。

在鍋子裡面加兩湯匙的油，將一片片的豬肝夾攤開放在鍋裡，開中小火慢慢的將兩面翻煎，熟了就夾起來放在盤子上，這過程中你會發現豬肝此時略有焦黑，那是五香粉加了蔗糖，遇到熱所產生的，這種黑黑的感覺不要當它一回事，那只是外表的顏色，可不要用大火將它煎到焦掉。

煎的過程不是用香油來煎，而是使用普通的沙拉油，但在搓揉過程中要加一點白香油，由於有淋上白香油，所以稱為香油煎肝。香油煎肝是利用香料和焦糖兩個手續的變化轉換而形成的一道菜，在這道菜你可以了解香料和焦糖化的運用之妙，在小封中（P.139）我們只單純學會焦糖的功夫，在香油煎肝則是焦糖的功力加上五香的運用，作法並不難，尤其是宴客前一天可以先備料，客人來時煎了豬肝就可以上桌，很方便。

吃香油煎肝最好的拍檔是醃白蘿蔔片,醃製過程是將白蘿蔔切成薄片,加一點鹽讓它軟了,再加點清醋和一些糖,快速搓揉,靜置十來分鐘就軟化入味了,將醃好的蘿蔔片放在香油煎肝旁,就是完美的組合了。

一口香油煎肝配上一片白蘿蔔片可以解膩,不僅對味,還有加分作用,若是有炸蝦捲之類的,也可以做這種白蘿蔔搭配,它可是台灣的開味小菜。

這道香油煎肝屬於酒家菜,而且是酒家有名的一道菜,記得小時候爸爸和三舅兩人私交很好,為了想吃香油煎肝,這兩位不愛喝酒又不喜歡粉味的男人可是傷透腦筋,想不出以什麼名目,可以光明正大的到寶美樓酒家吃香油煎肝。原先媽媽和三舅媽獻計要一起去壯膽,而且大家都可以吃到香油煎肝,但爸爸和三舅都認為家中的女人上酒家,傳出去還能做人嗎?堅持不可,最後邀了五、六個饕客,一群人壯膽到寶美樓大吃一頓。

還記得三舅事後笑成那樣子,讚不絕口的談論著香油煎肝。而讓這群朋友更洋洋得意的是,在他們走了之後,老闆還是搞不清楚為什麼五、六個大男人只喝一瓶酒,而且只叫了一位小姐,卻沒人有時間理她,只因醉翁之意不在「她」。

三舅和爸爸上酒家的經驗在這次之後當然就沒有再去了,對他們而言,酒家最吸引人的就是菜,酒家的菜夠好,大家可是全衝著酒家菜而上門的。

你一定好奇我為什麼會做這道菜,這可是藏在我心中五十多年的祕密,原來我六歲時,家裡來了一位叫阿春的幫傭姑娘,住在家裡、吃在家裡,住的是一樓的一間房間,上面還有一間小閣樓,幾乎沒時間也沒必要外出,有時候爸媽晚上出外應酬,我就會去她房間聊天,央求她讓我爬上小閣樓玩。

阿春有時晚上會告訴爸爸想帶我出去走走，其實阿春是跑去約會。每次她帶我到寶美樓酒家樓下後門，輕呼著男朋友的名字，兩人就在外面聊起天來，而我這小電燈炮無趣得只能探著頭看廚房，幾年後阿春雖然離開，還是常回來探望我們。

後來阿春嫁給寶美樓這位師傅，我讀高中時，有一次她來家裡探望，邀我去她家坐坐，原來她家開了一間小餐廳，我向她先生抱怨家政課老師都不上烹飪課，上課很無趣，他現場給我上了一堂烹飪課，就是香油煎肝，這也是我當電燈泡的意外收穫吧。

香油煎肝

材料（四人份）

① 豬肝⋯⋯320g

調味料

② 五香粉⋯⋯⋯⋯ 1 大匙

　砂糖⋯⋯⋯⋯⋯ 2 小匙

　醬油　　⋯⋯⋯ 2 大匙

　白胡椒粉⋯⋯ 1/8 小匙

　香油 ⋯⋯⋯⋯⋯ 1 大匙

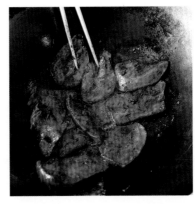

1. 將豬肝切片放入大碗中，加入所有調味料搓揉均勻，靜置 2 小時。

3. 放入步驟 1，兩面煎熟後起鍋即可。

2. 炒鍋內倒油，熱鍋後，轉小火。

醃蘿蔔

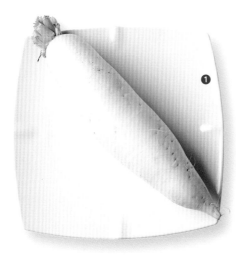

材料（四人份）

① 白蘿蔔⋯⋯ 半條（約 500g）

調味料

鹽⋯⋯⋯⋯ 1/2 小匙
工研醋⋯ 2 大匙
砂糖⋯⋯⋯ 1 大匙

1. 將白蘿蔔削皮後，刨成片，或切成 0.4 公分厚的薄片。

2. 加鹽搓揉，使白蘿蔔軟化，再擠出多餘的水份。

3. 加入砂糖、工研醋搓揉並浸泡 2 小時，即可食用。

嫁妝菜

第參章

嫁妝菜是新娘子帶到夫家的私房傳家菜，代表著每個家庭最美味、最值得頌揚的菜餚，隨著新嫁娘到夫家去，以示家中富足，也可讓當年出嫁後不容易回娘家的新娘，藉由菜餚一解思鄉之情。

我的家族裡有陪嫁妝菜的傳統，由於早年家族龐大、富有，特別重視吃，往往女子嫁入家族裡，都會帶幾道娘家的拿手菜當嫁妝的一部份，每一道嫁妝菜都有自己家裡的故事，由菜色就可揣測新娘娘家的背景。

早年家族人口眾多，嫁妝菜可真不少，但也唯有獲得大家青睞的嫁妝菜，才能通過時代的考驗流傳下來，所以嫁妝菜可說是阿舍家中的精華菜色。

蛋臊

現在滷蛋大多是用雞蛋滷，不知道你是否有發現，用鴨蛋滷出的蛋會比雞蛋好吃多了。

小時候別人家裡大多買雞蛋來吃，而爸爸卻總是差我到雜貨店買鴨蛋，煎蛋時也是打個鴨蛋來煎。每天大家的便當裡面總是有煎蛋，可是同學的便當打開，都是用雞蛋煎的，而我的荷包蛋卻是用鴨蛋煎的，我常會想試試雞蛋煎出的荷包蛋，卻也只能在三舅家吃得到。

爸爸不買雞蛋，但我可不是沒吃過雞蛋，因為媽媽總是會買土雞蛋，熬冰糖水煮個水波蛋讓我們當早餐，我只是不懂爸爸為什麼那麼愛鴨蛋，讓我從小對鴨蛋總沒什麼好感，因為年幼的我總想和同儕一樣都吃雞蛋。

我曾問過爸爸為什麼不買雞蛋來煎蛋或做蔥蛋，而一定要用鴨蛋呢？

爸爸很認真的告訴我，妳不知道鴨蛋比較香嗎？鴨蛋特有的香氣讓他無法拒絕，所以為什麼要放棄鴨蛋去吃雞蛋呢？

爸爸的早餐非常傳統，永遠是地瓜粥，每次奶媽婆婆來我家，就會用鴨蛋做一道蛋臊，讓爸爸在早餐加菜，這時全家人的早餐都會自動選擇吃地瓜粥，因為全衝著今天有蛋臊。

奶媽婆婆每次一盤蛋臊端出來，沒兩下就被吃光光，要到廚房再做一盤，顯現蛋臊實在太受歡迎了。

蛋臊在我的家族流傳最少四、五代，最早是從外曾祖母家帶來，也不知道在外曾祖母家遺傳幾代了，這道菜受歡迎程度在每一代都不例外。

這道菜的「眉角」就是非用鴨蛋做不可，我結婚之後曾經嘗試用雞蛋來做蛋臊，卻得不到大家的青睞，說也奇怪，同樣是蛋，只有雞鴨之分，用鴨蛋來做蛋臊才真的夠味，鴨蛋做出的蛋臊味道濃郁香醇，但用雞蛋做出的蛋臊卻感覺味道平淡，完全沒有香氣，完全不是我認識的蛋臊。原來雞蛋和鴨蛋不僅大小不同，炒起來味道真的差很大，雞蛋太清爽，少了那股鴨蛋特有的蛋香味。

蛋臊的作法並不難，只要事先做好蒜頭酥，或買一包品質好一點的新鮮蒜頭酥，做個蛋臊不到兩分鐘，非常簡單，祕訣就在醬油。

現在的醬油偏鹹一點，早年民間的醬油廠很多，有時候幾條街就有一戶釀醬油的人，每家釀醬油的祕方不一樣，客人選的不是品牌，而是想要哪種口味就找哪一家去買。那時候醬油不流行一次買一整瓶，而是拿家裡的瓶子到店裡說要買多少錢，老闆就會用自己的杯杓來秤給你，可不是一瓶瓶賣的。

現在我拿不到古早醬油，為了做蛋臊，會選擇味道比較不鹹的醬油，但可不是選薄鹽醬油。如果真的買不到好醬油，就會自己調，將大廠牌的醬油放五分、兩分蔭油、三分開水來調製，如此調製的醬油很接近我所需要的，吃蛋臊就在吃蛋香加醬油產生的香氣，料理時動作要快，鍋子要熱，只要記住這兩個要訣，想失敗都難。

做蛋臊時要先將鍋子燒熱，放進兩湯匙油，在油八、九分熱時，打三顆鴨蛋放進油鍋，在鍋裡不斷均勻鏟動，讓其散開變成一小塊約一公分的碎丁，太細了吃不到味道。

可不要以為「打蛋下去」是要將蛋在碗裡打散，這三顆鴨蛋是連蛋黃和蛋白直接打到鍋裡，不用打散，而是鍋子在加熱時用鏟子鏟開拌勻蛋白和蛋黃，讓蛋在不停鏟動時自動凝結。因此動作要快，甚至要用鏟子壓著蛋一邊打圈圈一邊推開蛋，這種在鍋中打散的技術勝過在碗裡打散煎出來的口味很多。

炒成碎丁時趕快淋上醬油和蒜頭酥，讓醬油進入蛋裡，乾爽之後就馬上起鍋，千萬不要打散後再倒油鍋裡，那會做不出來的。

用「炒蛋臊」形容蛋臊並不好，它有點像是用鏟子壓碎炒魚鬆一樣，又壓又鏟的，在台菜裡面不會拿鏟子而只是用圓杓做台菜，想做最好的台菜就有點困難，因為台菜的鏟子，平的一面壓下去左右鏟動時，會使溫度增加，也可運用鏟子的平面打散食物，鏟子尖尖的邊角移動的時候，可以讓食物瞬間分離，我最喜歡用鏟面壓住食物，讓它更快速均勻受熱。

做這道菜一定要小心，蒜頭酥下鍋時動作要快，否則蒜頭酥太焦會產生苦味，就是失敗了，而且別忘了當淋上醬油時，蛋可是會吸醬油，蛋的顏色會轉變，這時就是技術的考驗，必須醬油下去後快速轉動它，讓每顆蛋粒吸收醬油，乾爽之後快速離鍋，這道菜很簡單，試兩次以上就會很順手。

參‧嫁妝菜

蛋臊

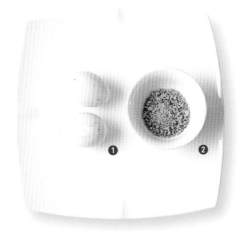

材料（四人份）

① 鴨蛋 ……… 2 顆
② 蒜頭酥 ….. 10g

調味料

醬油 ……1/2 大匙

1. 先在鍋中倒油，將鴨蛋整顆打入。

2. 開中火，用鍋鏟的邊角趁熱切拌。

3. 待蛋粒成型後，加入少許的醬油拌炒。

4. 最後放入蒜頭酥略微拌炒後，即可起鍋。

翠玉鳳眼

外曾祖母在一百多年前從嘉義嫁進柳營劉家時，帶來很多嫁妝，大小嫁妝湊足百件，連日後終老的棺材都嫁過來，還帶了婢女陪嫁，甚至連總舖師都陪嫁過來。當年婚禮的盛大在後來被一直傳頌著，這位總舖師也就將外曾祖母嘉義羅家的菜帶進柳營劉家，總舖師的技術非常高超，我姆婆生前最喜歡談的就是這位總舖師的故事，姆婆說她年輕嫁入家門時，還吃過這名總舖師做的菜，外曾祖母帶來的眾多嫁妝菜中，最討喜的就是「鳳眼」這道菜。

蒸好的鳳眼端上桌來，常引來大家會心的一笑，因為每一顆鳳眼就像是睜著大大的眼睛直盯著大家看，煞為有趣。有時候總舖師興致一來，還將每顆鳳眼的眼形做得不一樣，這時候眾人就會看著這盤鳳眼，好好的評論著哪顆眼形最漂亮，哪顆最傳神，然後每個人開始向自己喜歡的鳳眼下手。

所謂的鳳眼並不是每一顆都是狹長形，眼形的變化靠的是香菇的剪法和擺放。有一次我開這堂鳳眼課，教學員製作鳳眼，竟有學員靈機一動，用香菇在眼睛上掛了幾根睫毛，讓鳳眼更為有趣，變化也繽紛起來。

做鳳眼所用的香菇，最好選擇埔里的扁菇，因為顏色較黑，勾勒出來的眼睛較

傳神，若是採用韓國菇或日本菇，顏色較淡，效果就差一些。

鳳眼的作法，是將絞肉加荸薺、剁碎的珠蔥、魚漿等拌均。加荸薺是讓食客在咬到肉餅時，會有荸薺的脆度和水分；珠蔥可不是一般的蔥，大概都是在十二月以後才會生產，倘若拿不到珠蔥，可以不加。會用珠蔥是因為珠蔥很甜，水分又多，所以若是買不到珠蔥大可不必加蔥，因為在這裡要取的是甜味而不是蔥的味道。

在拌勻過程中並不需要加鹽，也不需要調味，除非想做口味比較重的版本，可以加少許的鹽，也可加一點香油，但是我家是連香油都不加，因為只要豬肉夠新鮮，加了香油就會好像多了一味，是沒必要的。不加鹽是因為魚漿在打的過程會加點鹽，會有一點點鹹度存在，早年並不見得每個人都吃得很鹹，我外曾祖母還在時就有這道菜，以前就是不加鹽，吃起來反而很順口，恰到好處。

將豬肉、荸薺和魚漿拌好之後，用手捏成肉餅，每個直徑約三公分左右的圓形。先做好每個小肉餅，然後將鹹蛋黃對半切，擺在中間，香菇沿邊剪下來，你可以在上下各擺一條或一整圈的方式，在肉餅的外圍用香菇框住。這道菜的變化在剪香菇的功夫，不同形狀的香菇，呈現出來的鳳眼效果，每顆眼睛就不一樣，最後將盤子上的鳳眼放到蒸籠裡面，大火蒸約十五分鐘，起鍋之後看著它就很討喜，令人食慾大開。

這道鳳眼傳到我外祖母時代，總舖師又做了個改良，一款叫白玉鳳眼，另一款叫翠玉鳳眼。我外祖母比較重視養生，照顧我外公的飲食上，她希望鳳眼的肉不要太多，最好放一點蔬菜，將肉餅的直徑減成一點五公分。白玉鳳眼是將白蘿蔔切成直徑五公分，厚約兩公分，先下鍋燙成半熟，總舖師說，如此可以去

掉白蘿蔔的青澀味，而且和肉餅一起蒸時會同時熟，才不會蒸過頭。

至於翠玉鳳眼，是我三舅媽改良的，她覺得肉餅下面不要鋪白蘿蔔，改成大黃瓜，蒸熟時會流出湯汁，湯汁通常是長輩最喜歡喝的，會先倒出來讓長輩嚐鮮。這三款鳳眼在我的家族裡到處流傳，各有擁護者，你若問哪一種最好吃，我認為三款都好吃。

早年的酒家菜也有一道菜叫鳳眼，作法和我家族流傳的作法略有不同，它是利用塑膠醬油瓶蓋，裡面塞滿魚漿和肉末，直徑大約只有三、四公分，在肉末上面放一圈剪好的香菇，中間塞一顆鵪鶉蛋，然後放到蒸籠裡大火蒸約十分鐘，蒸好之後將瓶蓋裡面的鳳眼扣出來，擺在盤內，再勾芡淋上，這款鳳眼比較沒有戲劇性，但是在當年也曾經是酒家很流行的一道菜。

以前的醬油是很大一瓶，和現在小瓶醬油不一樣，只是當年用的是塑膠瓶蓋，在環保意識還不盛行下，大家都很能接受，也不懂放在蒸籠裡面蒸是否會釋放毒素，就這樣流傳過一段時間。

翠玉鳳眼

材料 (十人份)

① 豬絞肉 ……… 300g

② 豆薯 ………… 130g

（最好是用荸薺，若沒有，則以豆薯替代）

③ 雞蛋 ………… 1 顆

④ 香菇 ………… 3 朵 (約 50g)

⑤ 鹹蛋黃 ……… 4 顆

⑥ 旗魚魚漿 ….. 150g

⑦ 大黃瓜 ……… 1 條 (約 800g)

調味料

鹽 …………… 1/2 小匙

白胡椒粉…… 1/8 小匙

香油 ………… 1/2 大匙

1. 將豆薯削皮切丁備用。

2. 大黃瓜削皮後，切成 5 公分為一節，將中間的籽挖乾淨備用。

3. 將鹹蛋黃蒸過，切成三等份備用。將香菇泡過水後，剪成條狀備用。

4. 將絞肉放入調理碗，加入所有調味料，再倒入步驟1。接著，加入魚漿(魚漿本身有鹹味)與雞蛋拌勻摔打。

5. 將步驟4填入切好的大黃瓜中，底部抹平。

6. 再將表面繼續鋪上肉餡，直到表面看不到大黃瓜的程度。

7. 再擺上香菇和捏圓的鹹蛋黃。

8. 放入蒸籠，蒸約 15 分鐘，或用電鍋蒸煮，外鍋放 1 杯水，即完成。

春捲蝦

清明節除了祭祖，也是吃春捲的日子，不過隨著民眾對美食的追求，近年吃春捲不再只是清明節的應景食品，台南有名的春捲店前面，總是排滿等候的民眾，外地朋友也會問我台南哪一家春捲最好吃？吃春捲不用等清明節，在平日就可以吃得到了。

要問哪一家春捲好吃，我只能說台南人的春捲是最具各家色彩的食物，每個家庭對內餡的菜色喜好不一，在我家一定會有七道菜以上，就是豆芽菜、高麗菜、紅蘿蔔、煎豆腐、白切肉片、蝦仁、烏魚子，再加上花生糖粉。

我家的菜色沒有皇帝豆，因為家人都不喜歡吃皇帝豆，所以就不上桌了。至於會有烏魚子，是因為過年後烏魚子還有剩，就趁著節日將它吃完。我知道有些人家還會包油麵，認為這樣才有飽足感，也有人家會放香腸，因為他們家喜歡吃香腸，所以這是依各個家庭的喜好而決定，在台南曾經是這樣，並沒有固定要包什麼餡料。

我家的小孩子都很喜歡清明節，因為在這一天，你愛怎麼包自己的春捲都沒有人會阻止，隨你的喜好包來吃，大哥最喜歡的是春捲皮，老是將春捲皮單獨吃

掉，妹妹則是在春捲皮裡面倒好多花生糖粉就包起來吃，孩子們各有所好。

每到清明節，爸爸總是會買很多春捲皮，還會請燕官阿嬤來家裡小住，並請燕官阿嬤包春捲蝦，裡面包有剝殼的蝦子，再冷凍起來，以後想吃的時候再拿出來解凍，炸一炸就行了，燕官阿嬤曾說：「這也是妳外曾祖母家的嫁妝菜」，當年她剛進劉家門當奶媽時，第一次吃到春捲蝦，驚為天人，因為燕官阿嬤是海邊人，生活上常有機會吃到蝦子，要吃蝦子並不難，也知道很多蝦子料理，但她卻沒想到可以在春捲皮裡面包蝦子炸成春捲蝦。其實蝦子等材料取得都很容易，但要做如此完美組合卻都沒想過，也才讓她體會到有錢人家對吃的講究。

她說，記得當年每到清明節，我母親家的餐桌上，除了現包的春捲，都會炸一大盤春捲蝦，因為過了清明之後，就不能再吃炸物。

或許你會好奇為什麼過清明就不能吃炸物，只因為早年很重視節令搭配飲食，一定要等過中秋節之後隔天才開始炸東西，直到隔年清明之後就不再炸了。因為炸物吃多了容易上火，只有秋冬季節天氣變冷才適合吃炸物，清明之後天氣轉熱，炸物吃多了對身體不好，所以夏天大家都不吃炸物，店家也不會賣。不像現在「只要我喜歡，有什麼不可以」，一年三百六十五天只要想吃，都可以吃到炸的鹹酥雞，可見現代人已不如早年那麼重視養生了。

春捲蝦的作法很容易，生的蝦子要先剝掉殼，去掉腸泥，在水中加一點鹽煮開之後將它燙過，做時先鋪一張春捲皮，底層鋪上花生粉，再將高麗菜絲、小黃瓜絲、紅蘿蔔絲擺上，上面擺幾隻蝦子，最上一層再灑上花生粉，如此就可以包起來。

古時候很注重食物的尺寸，這一捲春捲蝦長約八、九公分，剛好可以吃三口，由於蝦子已經熟了，青菜又可生吃，所以油鍋裡的油熱到一百八十度以上時，再將春捲蝦下鍋以高溫油炸，撈起。炸好的春捲蝦，外層的春捲皮並不沾油，趁熱吃時會感覺皮薄酥脆，很清爽。我不知道這道菜傳了幾百年，但我結婚後仍將這道菜傳到夫家，也留給孩子，希望好吃的東西能夠一直流傳下去。

嫁妝菜是透過婚姻而帶來的菜餚，在劉家有個傳統，每位新嫁娘都會帶些不同的菜色過來，所以劉家的菜色就經過這樣嫁娶過程不斷增加，遇到好吃的嫁妝菜，各房都會派總舖師來學，新娘子就會覺得很有面子，好吃的菜就這樣在各房流傳開來。

也許在當年，嫁妝菜的好壞會比金飾重要吧！還記得當年我要嫁給外子時，家人不是忙著幫我張羅首飾，因為首飾從小就幫我準備了，反而是舅舅、阿姨們討論著我可以帶哪些菜到夫家，我覺得這種嫁妝菜的傳播十分有趣，原來美食也是值得分享與流傳的。

作法　　**春捲蝦**

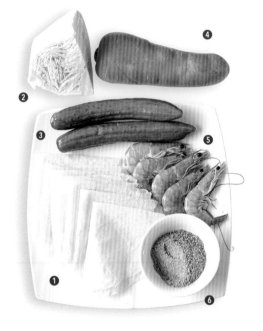

材料 (八人份)

① 春捲皮 ········· 150g

② 高麗菜 ········· 80g

③ 小黃瓜 ········· 60g

④ 紅蘿蔔 ········· 60g

⑤ 鮮蝦 ··········· 8 隻 (燙熟
　　　　　　　剝殼備用)

調味料

⑥ 花生糖粉 ····· 75g

1. 高麗菜切絲。小黃瓜和紅蘿蔔切絲。

2. 碗裡放入小黃瓜，加鹽，稍微搓揉使之入味並瀝乾水份。

3. 攤開春捲皮，擺上高麗菜絲、小黃瓜絲、紅蘿蔔絲，再放上鮮蝦。

4. 灑上花生糖粉，如圖示包捲，長度保持在 9 公分以內。

5. 再以麵粉水封口。

6. 油鍋熱油至 180 度，將包好的春捲放入油炸，以大火炸至呈金黃色即可撈起。

辦桌菜

早年家中孩子長大打算結婚前，家裡就會開始養豬、羊、雞、鴨，甚至撿漂流木當柴火；到辦桌前，師傅會先了解主人家中能提供多少家禽、家畜，再據以想出菜單，開出所需要的配料，交由主人採買；因為當年料理是以主人擁有的食材為主，再延伸出不同的菜色，因此從中可看出各地區菜色發展的差異。

早年的辦桌文化與現在的喜宴略有不同，遇家中有喜慶時，主人會找出心目中最好的師傅，由師傅做出最經典、足以傲人的菜餚，讓賓客驚豔，博得眾多掌聲。

早年的辦桌菜除了講求美味，還必須讓賓客有飽足感，因此主人通常會在宴會場入口處放兩大鍋白飯供賓客享用，辦桌師傅則必須充分運用食材，做出可口下飯的菜餚，讓賓客多吃幾碗飯、更容易飽足。

小封

現在結婚，即使在戶外辦桌，也挺輕鬆的！只要跟師傅商量好菜色、價格，一切就讓師傅處理。然而早年當家裡有喜事時，所有的前置作業可都是主人要自己準備，主人會事先告訴總舖師家裡能夠殺幾頭豬、多少家禽、又有多少蛋可用，總舖師就用這些材料算出他可以做多少菜色，再告訴主人要準備多少斤糖、鹽、麵粉等等。所有的材料都要主人去張羅，甚至碗、筷、桌子、臨時工人，都是主人在村莊中籌備，總舖師只負責烹煮。

當時辦桌，真的都是靠鄰居的義氣相挺，不僅出借家中的八仙桌椅、鍋、碗、瓢、盆都拿出來借了！不但東西都借出，連人也都過來幫忙洗菜、殺雞、宰鴨，而總舖師會依約定的時間，帶著一把大鏟子、一把大杓子，還有殺豬的大刀及一身的好手藝來到主人家。

當年的盤子都是一般家庭使用的，盤子並不大，不像現在的辦桌宴席，盤子都滿大的，也因此當年出的菜餚至少在十六道以上。在喜宴的會場，一進門的兩旁，一定會擺著兩大鍋白飯，每鍋白飯上都放有好幾支飯杓，方便大家盛飯。

平常人在家吃地瓜簽，遇到親友有喜事，而且白飯是無限量供應，不趁機吃個

飽怎麼可以，因此白飯的消耗量都很大，而煮白飯的差事，就落在主人家的婦女手上，一看到白飯剩下一半，就得趕快淘米煮飯，不斷地補足。煮飯這件工作，總舖師是絕對不會做的。

早年我曾經去過台南的一家台菜餐廳，覺得菜餚挺下飯的，跟店家買碗白飯，卻總是告訴我剛好沒白飯了！次數多了以後，我也開始起疑，後來跟老闆熟了一點，才知道他即使有白飯也不能賣我，總舖師是不煮飯的，要吃也是吃他的菜餚，所以也不賣白飯了！

現在的台菜餐廳就沒有不賣白飯這個規矩了，不像早年的總舖師很忌諱，因為他們認為，出了白飯，就變成「飯桌仔」，而不是開餐廳，不願意自貶身價。

當年的辦桌宴席，最好的菜就是「封肉」，封肉又稱為「大封」，這封肉每塊至少切個十八公分以上的正方形，每塊肉至少要一斤半以上重量，大封必須先炸過，炸到皮開肉綻，然後才下鍋去滷，滷個三、四小時是常有的事，之後還得浸泡一番。

封肉滷的時間一定要足，否則皮不但不 Q，還會咬不爛。若是滷的時間夠久，絕對不怕這塊肉爛掉，滷出來的封肉皮 Q、肥肉的部分又很嫩，老饕們可專挑皮與肥肉吃。

有人以為封肉就是將鍋子封住，不掀蓋子去滷，這種說法不完全對。因為當年的封肉其實是拜過天公的豬肉，切成十六封（十六塊），代表一份祝福，甚至有一種「敕封」之意，象徵封官高升。

大封曾是高檔的菜餚，宴席上出了「大封」，就是說主人端出大禮，這個當年的大禮是可以滿足所有客人的，但如今在辦桌宴席上，已很難看到大封獨當一面了，往往還會和其它菜色併在一起，或是淪落在冷盤中當成一道冷盤菜色。

幸好封肉至今還不致孤獨，只是在辦桌席上不再居於大位，不過在市場上有很多店家可是天天滷大封出來賣，生意還真的不錯，所以想吃大封，現在並不困難，反而是會做小封的人太少。有些人還以為小封就是將封肉切成小塊而已，卻不知道大封、小封的作法差很多。

要滷好大封並不難，必須拿一些甘蔗來鋪底，才不會沾鍋，又會有甜滋味，放一些蒜頭和薑塊、冰糖和一匙甘草粉、醬油加點水，去滷個三、四小時，再泡五、六個小時，但要記住若是想滷筍乾時，千萬不要和肉一起滷，必須將醬汁拿出來另外滷筍乾，否則筍乾的味道會進入肉裡面，封肉的口味會帶有濁味，不夠純淨。

在宴席上出大封是大禮數，至少得屠宰三、四頭豬才夠使用，但遇到能屠宰的豬只有一頭時，出不了大封，就改出「小封」了！

小封是總舖師的拿手菜，也是他們最神秘的一道菜，通常做小封的時候，師傅總是會支開旁邊幫忙的人，而且這道菜的手藝絕對不會傳給女兒，只會傳給媳婦，因為女兒嫁出去就變成別人家的人，手藝也會因此傳到夫家去。為了不將手藝隨意傳出，所以只傳給媳婦，當年民風保守，媳婦一娶進門，絕對一輩子在家，也不會有離婚的問題，但是這道菜因為太神祕，作法又簡單，很容易被忽略，也因此很容易失傳。

小封的口味之好，不僅下飯，還會引起食慾，讓人想多吃一些，尤其拿它的醬汁拌飯，真的是人間最大美味。當年我四處走訪認識了螃蟹師，他是一位手藝高超的老先生，退休後不再下廚，走訪中，我們變成忘年之交，有次他興致來了，告訴我，他年事已大，沒有什麼東西可以留給我當紀念，要我隔天帶一條五花肉來，教我做小封，當作是送給我的紀念禮物。

做小封選的是腹部位置的五花肉，而且是接近前腿位置，這種肉的肉質比較軟。平常不下廚的他，親自示範小封給我看，在鍋裡面淋一大匙油，等鍋熱之後，將五花肉左右兩端，皮向下拿著，讓豬皮在油鍋裡來回的煎上兩趟。

螃蟹師說，這個皮只要稍微煎過，煮起來就會Q了，但這個「稍微」，倘若多煎了一點，則皮就會硬了，但是如果怕皮硬，只在油鍋內輕滑兩下，那煮起來的皮，就連Q也不Q了，所以在皮過油的時候，將肉輕壓在鍋底，來回兩趟，就差不多好了！

當豬皮過油後，就可以拿起來切片，每片大約一點五公分厚，接著拿一把蒜頭，切小塊備用，等油鍋裡面的油熱了，把蒜頭放進去，用中火爆香，聞到蒜香味四溢時，再將切好的五花肉放入，將肉翻炒至六分熟時，加入一匙的冰糖，等冰糖融化一半後，再加一匙二砂。加冰糖的作用，是為了讓肉質油亮，二砂則是為了要炒出焦糖味道，但是別怕焦糖炒過會苦，只要不炒焦，是絕對不會苦的！

之後用中小火去煨，讓醬汁慢慢收乾，接著淋上一匙米酒在肉上，這個動作就能避免糖焦掉，再淋上三大匙醬油，但要記住，這道菜在醬油的選用時，千萬不要使用薄鹽醬油，否則一定失敗。

當醬油淋下去跟豬肉爆炒時，大概花一、兩分鐘時間，可以將火關小一點，等醬油略微將肉上色時，加半杯水開始燜煮，但別忘了，鏟子要不時剷動，以免沾鍋，肉塊也可以均勻受熱，讓豬肉不斷吸入醬汁，顏色也會漸漸轉黑，讓每塊肉均勻上色。最後再慢慢的略微收汁，這時會看到醬有點黏稠，如此便可以起鍋了。

這道菜，說容易可是非常容易，新手學會後，永遠不會做錯，而且還會覺得這道菜太容易了！但若有烹飪經驗的人想學這道菜，可得花點功夫了，因為自我主張太多的人，會不自覺的東加西加、東減西減，總是得花四、五次的時間才學得會。

這道菜可是已經失傳好久，有次我到台南的山上鄉走訪，一群婆婆媽媽們知道我會做這道菜，都紛紛跑去買豬肉要我示範，她們感慨地說，這熟悉的味道已經幾十年沒吃到了，這幾十年想它、念它就是吃不到，做也做不出來，怎麼做都做不對，這道就是她們朝思暮縈的菜。

你是否也好奇，一道令長輩朝思暮縈的菜是什麼口味？動手做做看，相信你一定會愛上它，也一定會成為你的拿手招牌菜。

若以現在的眼光看大封、小封，我會說大封在當年因為豬肉取得不易，所以有這麼大塊肉當然是大禮，但小封的口味，可是大封所不能及的。在經濟不佳的情形下，要做出一盤讓大家喝采的菜，可得善用一條五花肉，做出吸引人的口味，所以那些婆婆媽媽告訴我，當年靠一塊小封就可以配一碗飯，可真是一點都不誇張。

小封

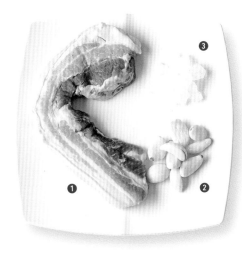

材料（十人份）

① 五花肉 ···· 1 條 (約 400g)
② 蒜頭 ········ 6 瓣

調味料

③ 冰糖 ····· 25g
　 醬油 ····· 2 又 1/2 大匙
　 米酒 ····· 1 大匙
　 砂糖 ····· 1 大匙

1. 先將五花肉的皮略微過油煎過。

2. 再將五花肉切 1.5 公分的片狀。

3. 先將蒜末爆香，再將五花肉片放入油鍋中。加入冰糖及砂糖，炒至焦糖化。

4. 續入醬油、米酒，入味後再收汁。

米糕捲

米糕和油飯真的不一樣，作法截然不同，但是我們常常將油飯暱稱為米糕，只為了順口，米糕捲，其實應該稱為油飯捲，就像紅蟳米糕，若稱它為紅蟳油飯，感覺就好像價值少了一點點，至於什麼時候開始，油飯又稱為米糕？據了解是現代的事。

台南的米糕作法跟別的地區不太一樣，是將糯米蒸熟，客人上門後，再盛到小碗裡，淋點肉臊、加點魚鬆，幾片醃好的小黃瓜，這就是台南米糕。純正的魚鬆碰上肉臊的肉汁，並不會濕掉，反而是摻了豆粉的魚鬆，碰到肉臊的醬汁，就變得又濕又黏的。

至於油飯的作法，跟米糕一樣，先把糯米蒸二十五分鐘，但是「江湖一點訣，說破不值錢」，在蒸熟的白糯米上，撒上一些水，拌勻一下，再蓋起蓋子，燜炊五分鐘，這樣米粒就更加 Q 彈，蒸好的米先放在一旁，將切好的紅蔥頭爆香，要記住，爆得是否夠香，就會影響整體油飯的口味。

把爆好的紅蔥頭撈出來備用，再另外爆炒香菇、魷魚之後，將紅蔥頭加入，和肉絲拌炒，接著將爆炒好的香菇、魷魚加入，再加醬油和糖、胡椒粉調味，也

可以加少許的五香粉提味，加了胡椒粉在湯汁裡，待會拌油飯的時候，就不容易脹氣了。

這些拌好的材料加點水用小火慢熬，熬的時間也得控制得恰到好處，否則魷魚吃起來會老，這滷好的醬汁先瀝出來，將餡料留著，用這些湯汁拌蒸好的糯米，熱騰騰的糯米，會飽含這經過爆香且熬滷過的醬汁，讓每一口糯米都吃起來味道十足。

油飯，顧名思義，就是油會加多一點，但爆炒後也必須加些水去熬滷，千萬要記住，油不要放過多，因為加太多的油，糯米吸過多的油，冷了以後，就會感覺到生硬，這個時候就吃不到軟Q的糯米。而且在攪拌中，湯汁也不可以放太多，否則吃起來會食不下嚥。

所以在油飯的攪拌過程中，有兩點一定要注意，一是油的比例一定要適中，不可太油，有些人貪圖多一點油，會使糯米的外表看起來比較油亮，賣相比較好，但只要冷了，口感就會變硬了；第二點是，在湯汁攪拌糯米的過程中，不要以為湯汁放得多，味道就會更香濃，太多了會油膩，而且米會糜爛。

現在餐廳裡面，紅蟳米糕是最受歡迎的，其實很多餐廳所做的紅蟳米糕的油飯，都不是自己做的，甚至有些辦桌師傅也不自己蒸、拌油飯了，反而都向專業的製作油飯店訂購。

早年的紅蟳米糕作法是，將生的紅蟳切塊以後，擺在油飯上，到蒸籠去蒸，這時紅蟳的湯汁會滴到油飯裡，油飯吃起來多了一股海鮮味，但我走訪辦桌場，

發現辦桌師傅是將紅蟳蒸熟後，直接擺在油飯上就出菜了，只是客人好像都沒發現油飯裡面少了一股海鮮味。

其實做紅蟳米糕很容易，又不算「厚工」，但現在卻是台菜的代表，殊不知當年這道菜只是簡易的菜色。我小時候吃過的紅蟳米糕跟現在的版本可是完全不同，那時候秋天過後，吃紅蟳米糕是進補用的，燕官阿嬤會將糯米淘洗乾淨，調些味道，然後將生的紅蟳擺在上面，加水一起蒸，這樣子比較有補的療效，但口味上沒有加油飯的紅蟳米糕好吃。

我三舅常笑說，現代人可真容易滿足，米糕上面擺著紅蟳就可以當大菜了。當年可是一定要把拌好的油飯捲成米糕捲，才能上桌，這是當年的基本禮數。直接把油飯盛上桌，對他們而言是無法想像的。

早年的師傅做米糕捲時，會先將整塊豆皮攤開，上面鋪著油飯，作法有點像捲壽司一樣，在三分之二的地方，用手擠出一個凹槽，中間擺一些鹹蛋、香菜，再捲包成厚約三公分、寬約二十公分的扁扁長條，然後沾上一層麵糊下鍋炸。

下鍋炸之後，用大火逼油，然後撈起來，這時的米糕捲可都是酥脆乾爽，然後依每五公分的長度切塊擺盤，你知道米糕捲會因為裡面的餡料不同，至少就有六種口味了嗎？這種米糕捲在宴席上才會吸引人食用。

在辦桌宴席上，米糕捲的餡料包法就是一個變化，最傳統的是將鹹蛋黃、蔥、香菜夾在中間，這是最基本的，另外兩款是屬於比較鄉下的作法，一款是將酸菜先泡過，爆炒蒜頭加糖炒亮後，加少許醬油提味，再淋一點香油，然後鋪在

最下層，並在上面擺點香菇肉臊，最後放上蔥、香菜，灑點花生粉；另一款是將酸菜改成蘿蔔乾，蘿蔔乾先泡水後切碎，在乾鍋裡將之炒香，然後加入少許的糖拌炒，這樣子蘿蔔乾的香味會更明顯，起鍋前加少許香油，在油飯上先鋪蘿蔔乾，再鋪上香菇肉臊，再加蔥與香菜。

另外一款是屬於比較高檔的米糕捲，在豆皮上鋪了油飯以後，鋪有蛋黃、酸菜、蘿蔔乾、香菇肉臊、蔥、香菜，最後撒上花生粉，這一款由於材料加的比較多，所以油飯的份量會比較少。

另外兩款的油飯作法就不一樣了，是將糯米蒸熟之後，拌一些油、糖，變成甜米糕，在豆皮上鋪一層甜米糕，上面夾著花生糖粉，捲成長條形；另一款叫鹹甜口味，是鋪了甜米糕之後，先擺上香菇肉臊、香菜，再撒上大量的花生糖粉。

這幾款都是要沾過粉漿後下油鍋炸，當年的辦桌會在一個盤子裡面放鹹、甜米糕捲合併，其中鹹米糕捲占三分之二，甜米糕占三分之一，這樣叫做「米糕捲」。

倘若以米糕捲跟紅蟳米糕比較，我會說米糕捲比較「厚工」，也比較精緻，但若你愛吃紅蟳，單出米糕捲就是少了紅蟳，但是若把紅蟳跟米糕捲雙拼，那就是最完美的組合了。

這裡我也願意分享一道失傳的「八寶米糕捲」，稱它「失傳」，其實是因為沒人做了，這一款米糕捲使用的材料比較豐富，有蒸好的芋頭丁，它是用紅蔥頭爆炒後再將芋頭煮熟，這裡的芋頭是鹹口味，另外把蝦米爆香，再利用冬瓜條切成丁，等糯米蒸熟之後，把紅蔥頭酥、芋頭、冬瓜丁、蝦米跟糯米一起攪拌，

再摻入一些糖拌勻。

外面的米糕捲都是甜鹹分明，而這一款八寶米糕捲，卻是在鹹味中加了甜味，鹹中帶甜的特殊味道，讓人很難忘，把拌好的八寶米糕捲材料，一樣用豆腐皮包成長條狀，裹粉後再下去炸。

在農業社會很注重宴席一定要讓賓客吃得飽，這一道八寶米糕捲，因為加了芋頭，又有糯米，還裹粉炸過，吃了很容易飽，當年在鄉下，這可是最紅的一道菜。

鹹肉燥

 鹹米糕

材料

糯米 ……… 180g　　魷魚 ……… 30g

紅蔥頭 ……2 瓣　　豬肉絲 ……100g

香菇 ………20g

調味料

醬油 ……… 2 大匙　　白胡椒粉 …… 1 小匙

砂糖 ……… 1 大匙　　五香粉 ……… 1 小匙

1. 將糯米蒸 25 分鐘,蒸熟之後,撒上一些水,翻拌一下,蓋上蓋子,燜煮 5 分鐘。

2. 紅蔥頭切片爆香,撈起備用。另爆炒香菇、魷魚,再加入紅蔥頭、豬肉絲。

3. 以醬油、砂糖、白胡椒粉和五香粉調味,小火慢煮約 10 分鐘,倒出醬汁備用。

4. 將步驟 3 的醬汁拌入煮好的糯米,拌至每一顆糯米均呈淡咖啡色,即完成。

鹹肉臊（鹹米糕捲用）

材料（十條份）

① 肉絲 ……… 150g
② 香菇 ……… 2 朵（約 20g）
③ 乾魷魚 …… 35g
④ 紅蔥頭 …… 2 瓣

調味料

醬油 ………… 1 大匙
五香粉 ……… 1 小匙
白胡椒粉 …… 1/8 小匙
糖 ………… 1 小匙（香菇爆香用）、
　　　　　　1 大匙（炒料調味用）
米酒 ………… 1/2 小匙

1. 將魷魚與香菇泡過水，切長條狀備用。浸泡的水留著備用。

2. 將魷魚爆香備用。

3. 以小火爆炒香菇 15 分鐘後，加入 1 小匙糖使其焦糖化。

4. 將紅蔥頭爆香，放入肉絲、香菇、魷魚。

5. 續入米酒、少許水後，再加入胡椒粉、五香粉、醬油、糖調味，加水燜煮至收汁，即完成。

149

傳統鹹米糕捲

材料（一條份）

① 豆腐皮 ····· 半張
② 鹹米糕 ····· 180g
③ 鹹肉臊 ····· 70g
④ 鹹蛋黃 ····· 1 顆
⑤ 蔥 ··········· 1 支
⑥ 香菜 ········· 3 支
⑦ 酥脆粉 ····· 30g(兌 50ml
　　　　　　　的水)

1. 將鹹蛋黃蒸熟。酥脆粉加冰水拌勻即為粉漿。

2. 將豆腐皮放在最下層，在下方 1/3 處，將米糕平均鋪至豆腐皮上，呈長方形狀，周圍需預留些許空間。

3. 在靠近身體的一側，米糕的 1/3 處，用手指按出溝槽狀。

4. 在溝槽處先鋪上鹹肉脯，再放上香菜、蔥、鹹蛋黃後，捲成圓形。

5. 兩邊往內折入固定，最後以粉漿封口。

6. 在步驟 5 外表裹上一層酥脆粉漿。

7. 放入 200 度的油鍋炸，逼油後撈起。切塊擺盤即完成。

作法

酸菜鹹米糕捲

材料（一條份）　　　　　　　　　　　　　**調味料**

豆腐皮 ⋯⋯ 半張　　蔥 ⋯⋯⋯⋯ 1 支　　　　米酒 ⋯⋯ 1 小匙

鹹米糕 ⋯⋯ 180g　　香菜 ⋯⋯⋯ 1 支　　　　糖 ⋯⋯⋯⋯ 1 大匙

鹹肉臊 ⋯⋯ 70g　　蒜頭 ⋯⋯⋯ 2 瓣　　　　香油 ⋯⋯ 1 小匙

酸菜 ⋯⋯⋯ 50g　　酥脆粉 ⋯⋯ 30g(兌

花生粉 ⋯⋯ 50g　　　　　　　50ml 的水)

1. 將酸菜切成丁塊。酥脆粉加冰水即為粉漿。

2. 將蒜頭下油鍋爆香，加入酸菜丁爆炒。

3. 接著，淋上米酒、糖繼續拌炒，起鍋前淋上香油，盛起放至冷卻備用。

4. 將豆腐皮放在最下層，在下方 1/3 處，將米糕平均鋪至豆腐皮上，呈長方形狀，周圍需預留些許空間。

5. 在靠近身體的一側，米糕的 1/3 處，用手指按出溝槽狀。

6. 在溝槽處鋪上鹹肉臊、酸菜、蔥、香菜、花生粉後，捲成圓形。

7. 在步驟 6 外表裏上一層酥脆粉漿，下 200 度的油鍋炸，逼油後撈起。

8. 切塊擺盤即完成。

蘿蔔乾鹹米糕捲

材料（一條份）

豆腐皮 …… 半張	蔥 ………… 1 支
鹹米糕 …… 180g	香菜 ……… 3 支
鹹肉臊 …… 70g	酥脆粉 …… 30g(兌
蘿蔔乾 …… 50g	50ml 的水)

調味料

糖 …… 1 大匙
香油 …… 1 小匙

1. 將蘿蔔乾泡水後，切丁塊備用。酥脆粉加冰水即為粉漿。

2. 以中小火燒熱乾鍋，倒入蘿蔔乾，炒至水氣完全蒸發。

3. 再加入 1 大匙沙拉油、香油，繼續拌炒，續入糖調味。

4. 將炒好的蘿蔔乾盛起放涼備用。

5. 將豆腐皮放在最下層，在下方 1/3 處，將米糕平均鋪至豆腐皮上，呈長方形狀，周圍需預留些許空間。

6. 在靠近身體的一側，米糕的 1/3 處，用手指按出溝槽狀。

7. 在溝槽處鋪上鹹肉臊、蘿蔔乾、蔥、香菜後，捲成圓形。

8. 在步驟 7 外表裹上一層酥脆粉漿，下 200 度的油鍋炸，逼油後撈起。

9. 切塊擺盤即完成。

什錦鹹米糕捲

材料（一條份）

豆腐皮 ⋯⋯ 半張	蔥 ⋯⋯⋯⋯ 1 支
鹹米糕 ⋯⋯ 180g	香菜 ⋯⋯⋯ 3 支
鹹肉臊 ⋯⋯ 70g	花生粉 ⋯⋯ 20g
鹹蛋黃 ⋯⋯ 1 顆	酥脆粉 ⋯⋯ 30g(兌
酸菜 ⋯⋯ 30g	50ml 的水)
蘿蔔乾 ⋯⋯ 30g	

調味料

炒酸菜用

米酒 ⋯⋯ 1 小匙
糖 ⋯⋯⋯ 1 大匙
香油 ⋯⋯ 1 小匙

炒蘿蔔乾用

糖 ⋯⋯⋯ 1 大匙
香油 ⋯⋯ 1 小匙

1. 酸菜參照 P153 步驟 1~3 完成。

2. 蘿蔔乾參照 P155 步驟 1~4 完成。

3. 將豆腐皮放在最下層，在下方 1/3 處，將米糕平均鋪至豆腐皮上，呈長方形狀，周圍需預留些許空間。

4. 在靠近身體的一側，米糕的 1/3 處，用手指按出溝槽狀。

5. 在溝槽處鋪上鹹肉臊、酸菜、蘿蔔乾、蔥、鹹蛋黃、香菜、花生粉後，捲成圓形。

6. 在步驟 5 外表裹上一層酥脆粉漿，下 200 度的油鍋炸，逼油後撈起。

7. 切塊擺盤即完成。

甜肉末（甜米糕捲用）

材料（四條份）

① 絞肉 …… 90g

② 油蔥酥 …… 1 大匙

調味料

醬油 ……… 1 大匙　　白胡椒粉 …… 1/8 小匙

糖 ………… 1/2 大匙

1. 鍋裡放入 1 大匙油，將絞肉炒至半熟。

2. 續入油蔥酥拌炒。

3. 加入糖、醬油、白胡椒粉、水，將絞肉煮得更熟爛，收汁備用。

作法　# 甜米糕

材料

糯米 …… 180g

調味料

砂糖 …… 2 大匙

1. 將糯米蒸 25 分鐘，蒸熟之後，撒上一些水，翻拌一下，蓋上蓋子，燜煮 5 分鐘。

2. 將砂糖拌入蒸好的糯米，即完成。

甜米糕捲

❶

材料 （一條份）

① 甜米糕……200g
豆腐皮……半張
甜肉末……70g
酥脆粉……30g(兌 50ml 的水)

1. 將豆腐皮放在最下層，在下方 1/3 處，將米糕平均鋪至豆腐皮上，呈長方形狀，周圍需預留些許空間。

2. 鋪上甜肉末，再捲成圓形，壓平。

3. 在步驟 2 外表裹上一層酥脆粉漿，下 200 度的油鍋炸，逼油後撈起。切塊擺盤即完成。

作法

甜鹹米糕捲

材料（一條份）

豆腐皮	半張	花生粉	20g
甜米糕	200g	鹹肉臊	30g
甜肉末	30g	香菜	3支

1. 將豆腐皮放在最下層，在下方 1/3 處，將米糕平均鋪至豆腐皮上，呈長方形狀，周圍需預留些許空間。

2. 撒上花生粉，擺上鹹肉臊、甜肉末、香菜後，捲成圓形，壓平。

3. 在步驟 2 外表裹上一層酥脆粉漿，下 200 度的油鍋炸，逼油後撈起。

4. 切塊擺盤即完成。

第伍章

家常菜

看似平凡、簡單的每一道家常菜，都有不同的故事，人類有追求美食的慾望，即使一般人家，只要將取得的食材變化、組合、提味，就是一道讓家人懷念的家常菜，也由於組合得巧妙，即使平凡的食材，仍能禁得起時空的考驗流傳至今，讓人不得不佩服祖先的巧思。

食材最能反映這道菜的背景、區域，好似呢喃的訴說著這個家庭的生活故事，每道菜雖然看似平凡，卻都因著先民智慧而產生，值得我們細細品味、思考當年每道家常菜的用心。

涼拌花生

現在飲食講究清淡，一切料理都要求少油、少鹽，養生之道在於如何減少飲食上的負擔，你可能不知道，在五十年前台灣的飲食文化，和現在可是完全不同，是現代人難以理解的。

以現代的眼光，幾顆花生的脂肪含量就等於一湯匙油，有些人的養生之道就是避開花生，或者只少量吃它，但在早年它可是一項人人吃得起的補品，也是人們獲得營養的來源之一。

產婦生完孩子後用花生燉豬腳，就成為一鍋濃濁的「土豆豬腳」，可增加產婦乳汁來哺育嬰兒，當年煮花生豬腳可是將生的花生下鍋熬煮三、四小時，煮出來的湯白濁濃郁。只是現在有些店家可能希望賣相好看，就會到市場批一些煮好的花生，下鍋燉豬腳，如此煮法的湯頭變清淡了，但時間確實省了不少，只可惜吃不到早年那種白濁濃郁的花生豬腳湯。

到了冬天將花生去膜，大火慢熬四、五小時，就成為一鍋白濁的花生仁湯，也是珍貴的補品。猶記得小時候，天冷了，奶媽婆婆來家小住時，一定會燉煮一鍋白濁的花生仁湯，湯裡面放的花生可真多，如果以現代生意人的作法，當年

一碗花生仁湯可以稀釋成四碗來販售。

通常小孩子都不喜歡吃東西，可是遇到花生仁湯，不用大人吆喝，一群小孩早就圍在爐火旁等待，一碗熱呼呼的花生仁湯端上桌，大家一邊哈著氣吹涼它，一邊聞著那股香濃的甜滋味。小孩子根本等不到它涼了，寧可冒著燙嘴的風險，急的想吃它一口，軟嫩的花生仁入口即化，在嘴裡猶能感覺到花生仁的綿細軟嫩，吃完一碗後，總有一種飽足感，身體也變暖和多了，奶媽婆婆總要我們再多吃半碗，「不吃飯可以，但花生仁湯可是很補的，營養成份最高了」。

隔壁的阿伯到了冬天總會帶著一包帶殼的花生，坐在自家門口剝著殼、吃著花生，掉得滿地花生殼，我們這群小孩看他吃得越多，地上的花生殼也變多，就會假借找阿伯聊天，跑去踩著地上的花生殼，讓它發出喀嚓、喀嚓的聲音，非常好玩，我們幾個小孩子在阿伯吃花生時總是可以忙上一陣子。

久了阿伯知道小孩在玩什麼遊戲，每次吃花生時，都會將花生殼撒得滿地都是，讓小孩子不會為了搶踩花生殼而擠成一團。每當花生殼不再發出喀嚓、喀嚓的聲音時，小孩就一哄而散，最後總會看到阿伯拿著掃把掃起那堆被踩碎的花生殼。

花生的使用在當年可真的很廣泛，五毛錢可以買兩碗花生，為了怕花生遇潮濕空氣會反潮不酥脆，家裡通常都會用瓶罐存一些花生，隨時可以派上用場，生活不算富裕的人家，在無暇做菜時會煮一鍋地瓜簽飯，配著花生就可以飽足一頓了。

小時候每天早上都會有一位阿伯，拖著一輛木板拖車，上面放著各式醬菜沿街

叫賣，媽媽總會拿個盤子出來點一些醬菜，再用小碟子買一些炒好的花生，讓我們配著稀飯當早餐。

只是我家兄弟妹妹吃稀飯配花生並不輕鬆，因為媽媽為了訓練我們拿筷子的優雅姿勢，要求我們每餐至少要用筷子夾五顆花生到碗裡配稀飯。年幼的我筷子拿得並不好，盤子裡的花生總是滾來滾去，讓我夾不起來，好不容易想盡辦法將花生夾到碗裡，媽媽卻說我筷子沒拿好，必須重來。吃稀飯配花生成為苦差事，不過也幸好有幼時的訓練，現在的我可是很會用筷子夾花生的。

花生有多種料理方式，爸爸最喜歡一道傭人阿琴姨從家裡帶來的「涼拌花生」，讓爸爸百吃不厭，年紀小的我並不喜歡這道菜，因為我拿筷子的功力老是夾不上花生，每次吃它總像是在練功夫。

阿琴姨說，在鄉下生活不富裕，花生算是便宜的，她家是種田的，無法吃大魚大肉，但大家都知道吃花生是窮人的補，可以增加很多油脂，對她家而言，這道菜是大菜而非小菜，雖然花生便宜，蔥和香菜自家也有種，但要加醬油和一點烏醋這些調味品，就不便宜了。

當年的醬油和烏醋價格較高，大部分人家做菜多只會撒上一點鹽巴調味，加了醬油可就是高級菜，以現在眼光來看，這是一種匪夷所思的事，現在人在路邊麵攤隨意點個麵、切盤滷菜，桌上擺著醬油、辣椒、醋等調味料，隨便你添加，醬油和醋都很便宜，客人用得再多，老闆也不會心疼。但在那個經濟不富裕的年代，鹽比較便宜，醬油必須經過一段時間製作，價格較高，做菜時加點鹽就可以，何必再花錢買醬油，而且有了醬油也得省著用。

「涼拌花生」的作法其實很容易，只要先將醬料調好，就隨時可以製作，作法是將蒜頭剁碎放在碗裡，再切一些蔥花和幾片大辣椒，加些醬油和少許烏醋，最後加一小匙糖，將整碗料攪拌讓糖融化，說也奇怪，融化後的糖並不覺得甜，反而會將醬油和烏醋的味道拉得很鮮明，這時加少許香油讓它的香味更濃厚，上桌前將花生米放在盤子上，撒上大量切碎的香菜，再淋上醬汁就可以了。

這道菜沒有什麼技巧，只是透過香菜、醬油等佐料，讓花生更增添味道而已。其實炒好的花生本來就越嚼越有味，但淋了醬汁後，花生的香味更香，夾一顆花生配著蔥花、香菜、蒜頭碎片同時入口，讓嘴裡面的味覺更為繽紛，一口接一口讓人無法停止。這道菜後來傳到三舅家也很受歡迎，他用玻璃罐放著炒好的花生，遇有朋友上門小酌，就會要舅媽端上這道涼拌花生下酒。

這道菜從平凡人家傳到大戶人家，大家都喜歡，阿琴姨說，這道菜可是貧窮人家的「地下酒家菜」，反映出人們在生活困苦的年代也能創造出美食，懂得藉由大量花生來補充油脂，當年的人不怕胖，只怕沒有油脂會營養不夠，這是一道可以帶來營養的菜，即使是現代人，這道菜也還是讓人回味無窮的簡單美味。

伍・家常菜

涼拌花生

材料（四人份）

① 花生米 ……135g
② 蒜頭 ……… 2 瓣
③ 蔥 ………… 1 支
④ 辣椒 ……… 1 條
⑤ 香菜 ……… 3 支

調味料

醬油 ……… 1 大匙
五印醋 …… 1/2 大匙
糖 ………… 1 大匙
香油 ……… 1 大匙

1. 薑、蒜頭剁碎，辣椒切片，蔥切細末，香菜切碎。

2. 將步驟 1（除了香菜）放入碗中，加入所有的調味料拌勻。

3. 將花生米放入盤中，再撒上大量的香菜。

4. 最後淋上步驟 2 的醬料即可。

菜脯蛋

早年在農作物供過於求時，農產品當然也會滯銷，這時農夫就得想辦法自救，一切靠老天吃飯，卻也靠老天讓過剩的農產品再獲新生，曬高麗菜乾、地瓜簽、蘿蔔乾等，都是農民解決農產品滯銷的好方法。

以前的農夫沒有現在農夫幸福，現在收成不好要政府補助，供過於求也要政府補助。在當年收成不好或生產過剩，都沒有補助，也沒有人同情，農夫只能自認倒霉，想辦法自救。

現在若遇高麗菜生產過剩而崩盤，有農夫會選擇找耕耘機來鏟掉當肥料，可是早年再怎麼辦，還是得想辦法搶救。賣不出去的高麗菜，不僅農夫家中餐餐吃高麗菜，還得曬成高麗菜乾儲藏，或醃成酐仔菜，等到七、八月高麗菜生產不足時再拿出來吃或賣。

早年多為大家庭，三合院前面就是大庭院，有地就可以曬東西，太陽則是農夫的免費乾燥機，遇地瓜生產過剩，不僅家裡三餐吃地瓜，還會將地瓜刨成絲曬乾成為地瓜簽，再裝進麻袋裡面儲存起來，需要時再拿出來用。

小時候三舅要我體驗窮困的感覺，買來一包地瓜簽，熬糖煮甜地瓜簽湯給我吃。我覺得少了新鮮地瓜的香味，但多了一股特殊的香氣，有一種陳年的香氣，感覺清淡，並不難吃。但現在想買乾的地瓜簽還真不容易買到，想吃時得自己在夏天曬一些地瓜簽，體驗艷陽下曬地瓜簽的辛苦。

台灣秋天之後白蘿蔔大量生產，這時的白蘿蔔特別甜，遇到產量過多滯銷時，農家就會自己曬起蘿蔔乾（菜脯）。那時候醃菜脯時，會拿出一塊塊木板，將切好的蘿蔔擺在上面，逐一用鹽醃漬，再拿到太陽下曝曬，曬好的蘿蔔乾收起來，有需要時就拿出來食用，有些則會一條一條放進甕裡儲藏更久的時間，做成老菜脯。

曬蘿蔔乾幾乎是農家每年一定會上演的戲碼，只是曬多少的差別而已，滯銷得嚴重，農村裡到處都看得到擺滿曬蘿蔔乾的木板，努力爭取太陽曝曬的機會，以免白蘿蔔爛掉。

想吃蘿蔔乾時，農家會將曬好的蘿蔔乾切丁，泡水去掉一些鹽分，瀝乾備用，先拍幾顆蒜頭下鍋爆香，加少許的油，然後將切碎的蘿蔔乾倒進去炒，等蘿蔔乾炒出香味時，加入少許的糖和幾片辣椒，就可以端上桌了。

在白米缺乏的年代，農民會將地瓜簽飯蒸熟，裡面當然沒幾顆白米飯，配著炒好的蘿蔔乾，這樣也可以當一餐。現在我常常如法炮製，只是將它當小菜，現在自家醃蘿蔔的越來越少，大多上市場購買醃好的蘿蔔乾，在購買時要注意選顏色較深褐色的，醃得較入味。

現在很多餐廳或路邊攤都吃得到菜脯蛋，或許你會認為做菜脯蛋並沒什麼技巧，

可是別忘了台灣是個移民國家，大陸移民到台灣打拚，生活不易，對於食材都很珍惜，當然也會想將食材發揮得淋漓盡致，因此會很認真的烹調。我在餐廳吃到的菜脯蛋，總感覺吃得到蛋香味，菜脯的香味卻沒出來，一道菜脯蛋乏善可陳，所以我決定公開奶媽婆婆教我的菜脯蛋作法。

就如奶媽婆婆所說，蛋本身是固定的，變化不大，煎菜脯蛋的祕訣在菜脯的處理。首先拿只乾鍋，用中火將泡過水、脫掉鹹分並瀝乾的菜脯放進鍋裡面，炒兩下之後火力轉到文火，將菜脯在鍋裡面鏟開，讓它平均受熱，千萬要記得用鏟子稍微壓一下不要動，讓菜脯靠熱氣壓出香味，如此不斷壓炒、壓炒，等到菜脯香味四溢時，再淋上一匙香油。

為了讓炒乾的菜脯趕快吸入香油的味道，也使它有點滋潤度，可再加入一些糖拌炒，讓糖融入菜脯裡，這時菜脯會變得較深褐色，加糖的作用是讓菜脯遇熱時吸收糖的元素，而使菜脯的味道變得鹹中略帶一點甘甜。原先菜脯的鹹是很直接的，加了一點糖後，它的鹹味會變得較柔和又誘人，這時的菜脯味道會比原先的香醇濃厚，經過文火爆炒功夫，菜脯變得非常有層次也很繽紛。

這時可別急得加蛋下去炒，別忘了熱的菜脯會破壞蛋的質感，所以炒好的菜脯一定要放涼。先將蛋打散，將炒好放涼的菜脯加入碗裡拌均，再一起倒進鍋裡煎菜脯蛋，這樣煎出來的菜脯蛋才夠味，這時不只是蛋的香味，菜脯也變成主角，不再老居於配角的地位。

也不知道為什麼，在餐廳吃到的菜脯蛋和本土的菜脯蛋味道差很多，蛋打得非常細，外型雖漂亮，但卻很像烘蛋，烘蛋和菜脯煎蛋在口感上還是有距離的。

平常我炒菜脯時會多炒一些起來，裝進密封罐再放到冰箱儲存，想煎菜脯蛋時就直接拿出來，打個蛋就可使用，挺方便的。

我不喜歡外食，有時候工作真的很忙，所以常會利用閒暇時做一些備料，如此每次下廚都會縮短很多時間，有時煮個四菜一湯也只花二十分鐘，甚至更少的時間，因此只要好好計畫，可以使做菜變得有趣又快速且簡易。

作法

菜脯蛋

材料（四人份）

① 雞蛋⋯⋯3 顆
② 菜脯⋯⋯90g

調味料

砂糖⋯⋯1 大匙
香油⋯⋯1/2 小匙

1. 先將菜脯用水浸泡，去除多餘的鹹份，瀝乾備用。

2. 乾鍋燒熱之後，放入菜脯，以小火拌炒，不斷按壓，直至香味四溢。

3. 加入砂糖，待其被菜脯吸收。續入香油拌炒，再盛起放涼。

4. 將雞蛋打散，加入步驟 3 拌勻。

5. 將步驟 4 倒入油鍋。

6. 以小火兩面煎熟即可。

 美 味 一 點 訣

1. 菜脯不要浸泡過度，保留一點鹹味，如此一來，就不需要另外加鹽。

2. 可以一次炒好大量的菜脯冷藏，想要做菜脯蛋時拿出來用，十分方便。

菜脯雞湯

① ②

材料（六人份）

① 土雞………半隻
② 老菜脯…… 40g

調味料

鹽………1/4 小匙
砂糖……1/2 小匙
米酒……1 大匙

1. 將土雞切塊（可請攤販幫忙切）後，汆燙去血水，再用冷水沖洗。

2. 在鍋中放入老菜脯，加入 1500ml 的水和米酒，再放入土雞塊。

3. 續入砂糖調味，水滾開後，再加入鹽。

4. 烹煮約 45 分鐘至雞肉軟爛，或放入電鍋中，外鍋加 2 杯水，燉熟即可。

美 味 一 點 訣

1. 老菜脯不需要浸泡，只需要稍微沖洗即可使用。
2. 若老菜脯的鹹度不夠時，再加少許的鹽調味。

市場上可以買到各式各樣、各種年份的菜脯，年份越老的菜脯，價值越高，入菜也更能帶出菜餚的濃厚度。這一次用來製作菜脯雞湯的老菜脯，就是屬於超過十年的珍寶，顏色經過歲月的醃製，呈現閃著光澤的黑金色，煮成湯品，撲鼻而來的香氣，使人魂牽夢縈。

煎蛋 九層塔

有位住在台南龍崎山區的朋友，老是嫌現在的雞蛋吃起來不習慣，因為他覺得新鮮的雞蛋「少了媽媽的味道」。

他說小時候家裡養好多雞，也養兩頭豬，每天放學回家第一件事不是寫功課，而是將空心菜剁碎餵雞，用餿菜、地瓜葉煮一煮餵豬，一大早則是起來撿雞蛋，雞蛋不是拿到市集賣，就是讓母雞孵更多的小雞，過年時父母親就會留一、兩隻雞當年菜，但平常雖然每天養著雞，卻吃不到雞肉。

每次媽媽檢查發現雞蛋壞掉孵不出來小雞時，就會挑出來晚上加菜，孵化不成的蛋有股臭腥的味道。家裡種的九層塔長得好快，媽媽總是會摘好多的九層塔葉子剁碎，拌在臭蛋裡面，利用九層塔的香氣來壓味道，吃慣了帶著一股腥臭味道的蛋，反而覺得那股味道是熟悉的。

媽媽總是告訴他們，九層塔的葉子切碎後拿來煎蛋，可去瘀傷。他們全家五個男孩，每天要挑水幫忙做農務，小小的年紀不懂得使力，很容易瘀傷，所以雞蛋一旦孵化不成，就趕快煎九層塔蛋，在那個醫療和資源不發達的時代，這是一種食療，也是食補。

他笑說，當年從來沒想過臭蛋裡面有沒有細菌，在那窮苦的時代中，萬一雞隻不幸感染雞瘟死掉，大人會很難過，小孩子心中卻暗自雀躍「這下子就有雞肉吃了」。只知道雞隻不管是殺死或病死，反正都是死了才會拿來吃，病死雞賣不了錢，自己吃總可以吧，這時候就可以吃到朝思暮想的雞肉了，但在這年頭，誰敢吃病死雞啊？

他說，全家五個兄弟，就靠著屋前種的九層塔炒蛋、煎蛋、調味，因為他們相信這樣可以讓自己變強壯。他說九層塔是否有去瘀傷的效果，不得而知，但五個兄弟都長得魁梧，也不知是農事做得多，運動多了就長得高，或九層塔葉真有效果，但對他而言，那股夾雜著九層塔的臭蛋味道，才是他魂牽夢縈的味道，只是這種蛋不只找不到，也沒有人會拿這種蛋來吃吧！

作法 九層塔煎蛋

材料（四人份）

① 雞蛋 ……… 3 顆
② 九層塔 ….. 65g

調味料

鹽 ……… 1/4 小匙
香油 ….. 1/4 小匙

1. 將九層塔去梗，留下葉子，洗淨並瀝乾。

2. 將九層塔葉剁碎備用。

3. 將雞蛋打散，加入九層塔葉、鹽、香油拌勻。

4. 鍋中倒入 1 大匙油，待鍋熱後，倒入步驟 3。

5. 以小火煎熟即可。

 美 味 一 點 訣

打蛋時，不要以畫圈的方式攪打，用前後攪拌的方式為佳。

避免產生氣泡，煎出來的蛋比較紮實。

醬燒蛋

五十年前的便當盒裡有顆荷包蛋，是非常讓人羨慕的，這個現象可是年輕人無法想像。畢竟在今天，外面賣的便當盒裡，不是附個滷蛋就是荷包蛋，早餐的三明治也有蛋、蛋餅或其它的早餐，蛋的蹤跡無所不在，現代人最大的困擾是餐餐都有蛋，就怕膽固醇的攝取會過量。

這個觀念在五十年前根本不存在，畢竟當年經濟差，便當裡能有顆蛋，就代表這個家的生活品質不錯。但在八十年前想要有顆蛋，就必須經濟基礎好或是生病了，長輩才會將家中母雞下的蛋拿來讓你進補。

蛋的珍貴就在它的新鮮，每一個雞蛋都可能會孵化出一隻雞，農家常常是蛋孵不出來時，才會認命的將這些帶有異味的蛋拿來做菜。

這些蛋加一些如菜脯之類重口味的配料，壓味下鍋煎，母雞剛產下的新鮮雞蛋可是捨不得拿來吃的，若家裡雞養得多，蛋可以拿到市集賣錢或拿來孵小雞，除非家中有人身體不適，不得不煮荷包蛋來進補。

小時候我不是很喜歡吃荷包蛋，母親的奶媽燕官阿嬤看到這個情形就會告訴我，妳想要小小年紀就能夠一次吃下一隻雞嗎，我知道我的食量不可能吃下整隻雞，但是我很想得到一次吃一隻雞的營養，她就會哄我：「一個雞蛋未來就成為一隻雞，現在妳只要吃掉這顆蛋，就等於吃下一隻雞了」，逗得自己以為是勇猛的勇士，拚命吃完一顆蛋之後，逢人就告訴對方我吃完一隻雞了。

大家對我奶媽婆婆都暱稱她為燕官阿嬤，每次到家裡來，最會煮的就是醬燒蛋，她說早年進到我母親家當奶媽時，和家中的總舖師阿菊婆感情很好，有時候阿菊婆忙不過來時，她就會幫忙煮醬燒蛋。

煮醬燒蛋時，要打五顆蛋到碗裡，用筷子打得起泡，加一些蔥花，在鍋裡面先倒一些蛋汁下去煎，再折疊起來，之後再將蛋汁淋上不斷重疊，讓它成為約一公分厚的蔥蛋，淋上一點醬油，再加點水下去燜煮，之後記得收汁，但汁不能收得很乾，要略帶少許醬汁在盤子裡面。

燕官阿嬤告訴我，早年的總舖師告老還鄉，就將所會的手藝傳出去給自己的孩子，讓小孩擁有自己的手藝，有機會遇到喜宴時，主人家就會來找他辦桌，但平常時間則在市場擺起飯桌仔。

早年的飯桌仔有點像現在的自助餐店，想打牙祭或遇到有客人來訪時，就到飯桌仔去看老闆現場做了哪些菜，簡單的幾道菜配個飯，就是庶民的小餐廳了，而這道醬燒蛋就是最早傳到飯桌仔的一道菜。

燕官阿嬤告訴我，醬燒蛋做起來並不難，問題是現在人要做這道菜就有困難度，

畢竟時代在變化，早年三條街裡面大概有兩戶人家在釀醬，每家都有自己的獨家配方，釀出來的醬能銷售的範圍也有限，量並不多，通常是家裡事業中的一個小副業，絕非是主業。

有些釀醬的人家還會兼釀醬瓜，釀醬店最好的就是它的豆豉，這些豆豉釀完之後可以棄之不用，但豆豉的味道又濃又香，倘若在菜市場買到豆豉，以為豆豉就是那個味道，那你就忽略豆豉的美味了。

我常去醬油廠要老闆棄之不用的豆豉，那個品質可比雜貨店賣的豆豉好太多了，我也保留當年的習慣，到處找小家的醬油廠，挑些不同口味的醬油回家存放著。

記得小時候燕官阿嬤常說，想要紅燒的味道較濃，要用較濃的醬油，得到兩條街外的店裡買，但拌菜或豆腐的醬油則淡一些，在街口的醬油店買味道比較適當。

現在要做醬燒蛋，我覺得醬油口味太鹹，因此我會用個碗，將醬油倒進碗中加水，及半小匙的砂糖攪拌，一旦蛋煎好之後整碗倒進去，讓蛋在中火慢慢吸醬汁，略為收汁之後盛上來，反正這年頭食材變不同了，我也必須學會想辦法來創造出當年的口味。

醬燒蛋的醬油吸太多會有死鹹味道，所以我會勸你一定要用個碗裝些醬油加水、少許砂糖來調出不會死鹹的醬汁，淋入厚厚的蛋裡讓它吸收，千萬不要圖方便而將醬油直接倒入，否則失敗率就增加了。

這道醬燒蛋在當年阿舍家是一道家常菜，配飯起來非常美味，讓人嚐過了必定會喜歡它特殊的醬燒味。這個味道並不濃，而是種清淡，一股似有若無的醬油味，由於蛋裡面並沒有加鹽，每一口裡面都含著醬汁，一點也不鹹，卻也不淡，就是如此的誘人，但別忘了蛋裡面一定要加蔥花，如此醬燒出來的味道多一股蔥的味道，吃起來特別香。

醬燒蛋

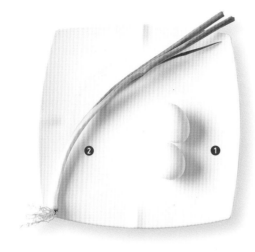

材料（四人份）

① 雞蛋……3 顆
② 蔥………1 支

調味料

醬油……1 大匙
糖………1 小匙

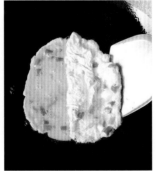

1. 將蔥切成蔥花備用。將雞蛋打散，加入蔥花拌勻。

2. 鍋中倒油以中火燒熱，先倒 1/4 的步驟 1 煎熟。

3. 蛋汁煎熟後，將蛋折起，重疊，再倒入些許蛋汁。重複此步驟，將蛋層層疊起。

4. 接著，加入醬油和 60ml 的水，略煮一下，即可起鍋。

炒豬肺 鳳梨

現代人不喜歡吃內臟，但在早年，內臟可是被視為珍貴的食材。養一頭豬所花的時間不少，開銷也不便宜，一頭豬能切出來的肉還比內臟多，肥油的取得也比較容易，但一頭豬卻只有一顆心、一副肝、一副肺、一副腰花，量比較多的應該算是腸子吧，在過去的時代，要攢一點錢買肥肉回來榨油已不容易，也不是餐餐有豬肉可吃，更別說吃內臟了，所以一切都必須省著點用。

早年吃得起香腸熟肉攤的，通常都是經濟不錯的人，攤上的豬肺料理有三款，一款是不加粉，原始的豬肺直接燙熟沾醬，這種完全不灌粉的豬肺很有口感，咬勁比較明顯，但是並不硬，有些人就是喜歡這種越嚼越有味的作法；另一款則灌了少許的粉，讓豬肺的口感軟嫩，這一款是我的最愛；第三款則是灌了很多拌著地瓜粉的水在裡面，這種作法會將豬肺撐得很大，口感非常軟，有些人很喜歡這個味道。

過去這三款豬肺都會擺在攤架上供客人挑選，只是現在香腸熟肉店已很少看到豬肺的蹤影，即使有也只有一款，很少有三款同聚於攤子上的。

可能現代人很多沒吃過，也不會想吃豬肺，但這道菜有其時代背景，在早年可

是占有一席之地。婦女在懷孕的過程會出現嘔吐、不舒服的害喜情形，這時總會想吃點酸的食物，讓自己舒服一點，這時就希望來一道「病子菜」，而早年所謂的「病子菜」，就是指鳳梨酸菜炒豬肺。

鳳梨炒豬肺是最原始的版本，喜歡口味重的人，在當年就會再加入酸菜，所以鳳梨炒豬肺或鳳梨酸菜炒豬肺，在當年都被戲稱為「病子菜」，都很開胃。但這兩個方式做出來的口味仍有差別，鳳梨炒豬肺比較清爽可口，加酸菜的結果是濃郁、重口味，也更提味，下酒、下菜皆宜。

在今日要炒到這個最經典的鳳梨炒豬肺，真的有點困難，在這裡還要提醒，想炒這道菜，鳳梨可別選太甜的，否則炒不出來所要的風味，帶點酸比較好。

我很懷念早年的酸菜，醃得透、醃得久，味道真的十足，不像現在酸菜，風味不及早年的一半。當年的酸菜泡過水之後，搓洗過再煮、炒，都是酸味十足，做起菜來十分方便，也因為有好的材料，做菜就很容易成功；現在的酸菜味道就是不夠，有時候水泡太久，就根本不酸了，泡的時間若不夠，酸味有了，卻又有太多的鹹味，想要保持過去那股酸味還真不容易。

小時候，每次燕官阿嬤來我家小住，媽媽就會纏著燕官阿嬤，吵著想吃這道鳳梨酸菜炒豬肺。買了一副豬肺回來，就看到燕官阿嬤在廚房角落利用水管，幫豬肺灌水，讓豬肺鼓脹得好大，這時燕官阿嬤就會用雙手壓著豬肺底部，慢慢的往上壓，讓豬肺中的污水排出。剛開始時，排出的污水都會帶著好多泡沫，每次我都會蹲在旁邊，看著燕官阿嬤做重複的動作十來次，她嘴巴總是嚷著：「豬肺最髒了！不洗乾淨會有腥臊味，也髒得不能吃」，所以再累也得把它洗乾淨。

洗好豬肺後，她會將水注入大鼎裡煮開，然後拎著豬肺的氣管，慢慢放到熱水裡去，將豬肺燙熟。每次她這麼做時，我就知道這副豬肺是用來炒的，是媽媽愛吃的菜了，但若是洗好豬肺後，又調了一碗地瓜水灌入，提著豬肺的氣管小心的在熱水中將它燙熟時，那這就是要切片，讓我們沾醬吃的。

燕官阿嬤說，豬肺是最便宜的，因為它沒什麼營養價值可言，又髒又不好清洗，經濟不好的人也買得起，經濟好的人家卻也不會因為它便宜而不吃，當你想買豬肺時，還得早點去市場買，免得被買走。別看它便宜，早年的市場一天能屠宰幾隻豬？一頭豬也只會有一副豬肺，早去的人才買得到。

她告訴我，小時候家中經濟不好，家裡最常買的就是豬肺，所以洗豬肺對她來講，就是從小訓練起來的功夫，那時候覺得，豬肺吃起來的嚼勁，就像吃到豬肉一樣。

那時候菜市場太酸的鳳梨沒人要，她就會撿回家，將燙好的豬肺放涼以後切片，拍點蒜頭爆香，之後將豬肺跟鳳梨一起下鍋炒，加點醬油跟糖以及少許的水，就是一道全家人配著地瓜簽的鳳梨炒豬肺，對當年的她而言，這就是最豐盛的一道菜了。

在那時代豬肺需要用錢買，不像現在，到市場店家問還有可能會送你，可是想吃豬肺就得花很多的時間與勞力清洗。在那時代，多的就是時間，這工作隨時都有人做，只希望家人能有一道好菜吃，但是現在我們有的是食材，卻少了時間，一切都講求速成。

曾經我想做這道菜，光在清洗豬肺的過程就讓我苦不堪言，剛開始拿不到要領，

洗了半天都沒不乾淨，很想中途放棄。後來拿到庭院中，模仿著當年燕官阿嬤的姿勢，取出大臉盆半跪在地上，拿著水管灌水，按壓著豬肺排污水，幫豬肺「做CPR」，竟然還滿順手的，才順利完成這道鳳梨酸菜炒豬肺，也才發現以現在的廚房設備，要洗豬肺可真的是礙手，時代背景不同，廚房的設備也就不同了。

我並不是鼓勵大家吃內臟，而是這道菜對於七、八十歲以上的老人家而言，應該是他們記憶中的一道菜，也是我們祖先曾經珍惜、熱愛的一道菜。它是一種熟悉的味道，你可以藉由做這道菜，了解過去的生活環境，也透過這道菜了解祖先的智慧，以及他們的口感、味覺，我常藉著這道菜穿越時空，回到五十多年前，很多家庭餐桌上有的這道菜，在時空背景不同下，有時候我們吃的只是一份感情、一份回憶。

作法

鳳梨炒豬肺

③ ② ① (材料圖標示)

材料（四人份）

① 生鳳梨花⋯⋯130g

② 豬肺⋯⋯⋯⋯280g

③ 蒜頭⋯⋯⋯⋯3 瓣

調味料

醬油⋯⋯2 又 1/2 大匙

砂糖⋯⋯1 大匙

1. 事先將豬肺清洗乾淨 (清洗方法請參閱 P.196)，再燙熟，切 3 公分寬的片狀。

2. 將鳳梨切 1 公分厚的片狀備用。

3. 將蒜頭拍碎，放入油鍋裡爆香。將豬肺、鳳梨放入鍋中拌炒。

4. 用鍋鏟按壓鳳梨使其出水，再放入糖、醬油和 100ml 的水調味拌炒，待其入味即可起鍋。

鳳梨素筋

鳳梨素筋配稀飯是我小時候最期盼的一道早餐，可是媽媽總是炒不出好吃的鳳梨素筋，連隔壁的阿婆也做得不如路口素食店的好吃。燕官阿嬤說，當年她進劉家當奶媽時，家裡裹小腳的總舖師常炒這道菜，雖然兩人私交很好，她常常去廚房學幾道菜，但也奇怪，這道菜竟然沒有學過，這也是少數燕官阿嬤做不出來的菜。

大家的推論是，也許素食店每天做的份量比較多，熬出來的香味才夠濃厚，但燕官阿嬤不贊成這個說法，她認為當年在劉家，每天煮出的也是一盤，份量沒有素食店的多，但味道卻不輸專業做的，所以一定有什麼技巧是大家學不到、做不出來的。

既然做不出來，媽媽就放棄做這道菜了，反正她手藝不好，對我們一群孩子而言，放棄了也無所謂。

因此到了夏天，常看到媽媽拿個盤子到路口的素食攤去買鳳梨素筋，而晚餐的餐桌上，最受歡迎的菜餚，往往也是這一盤鳳梨素筋。小時候我常將鳳梨素筋的醬汁淋在白飯上配著吃，就愛那股清香、酸甜的滋味，只要有醬汁拌著白飯，不配菜都能吃上一碗，可見它的醬汁有多迷人了。

黃婉玲經典重現失傳的台菜譜

當年的鳳梨都很酸，不像現在改良後的鳳梨甜又多汁，小時候吃鳳梨的感覺，只有「酸」一個字，還會有「咬舌頭」的感覺，但是在鳳梨素筋裡面的鳳梨，卻感覺微甜，而且吸滿了醬汁，咬一口鳳梨下去，會蹦出清清淡淡的醬香味和濃濃的鳳梨香，酸酸甜甜的滋味，覺得好迷人。

而那麵筋軟軟嫩嫩的，充分吸飽淡淡的醬油水和鳳梨的香味，咬著吸飽醬汁的麵筋，會有滿口清甜的醬汁在嘴裡面的感覺，讓你會趕快就一口飯來調和，吃鳳梨素筋就是會讓我有股沁涼的感覺。

後來搬到新家，遠離那一攤素食店，我有好長一段時間沒吃到鳳梨素筋了。直到走訪中遇到八十多歲的「大姊」，她的手藝可真好，什麼菜都會做，後來才知道，原來她早年也是來自大戶人家，很懂得吃，但結婚後命運的轉變，讓她不得不去幫傭，因為懂吃，所以學得很快，也就擁有一身好手藝。

有次她做了一盤鳳梨素筋送我，讓我品嚐後十分驚豔，那一口鳳梨素筋，勾起我小時候的記憶，才發現大姊做的鳳梨素筋，可不輸當年我舊家附近素食店做出來的味道。

大姊告訴我她的作法，我覺得很容易，就是將麵筋先過熱水，去掉油漬味，然後將切好的鳳梨炒一炒，再將麵筋放入拌炒，淋上醬油、糖，加些水燜煮即可。

可是我發現做出來的鳳梨素筋，麵筋吃起來還是軟嫩的沒錯，但鳳梨既不甜又沒鳳梨香味，咬下一口，蹦出的醬汁乏善可陳，一點都不吸引人。家人知道我學會這道菜都很高興，想回味一下當年的滋味，卻沒想到我做出的鳳梨素筋讓大家都很失望。

這下我必須打破砂鍋問到底，不斷追著大姊問個明白，為什麼我做的鳳梨素筋不像以前那麼好吃，一定是哪個環節出問題，如果不破解，那我以後豈不就做不出好吃的鳳梨素筋了！

大姊獲悉我做鳳梨素筋竟然會失敗，頗為訝異，但果然薑是老的辣，大姊在我追問幾次後，不再告訴我如何烹煮，而是換個方式，要我詳細說明如何買材料，如何做菜的過程，終於發現問題出在哪了！

原來是先後順序不同，做出來的味道會有差異，首先，加醬油、加糖都沒有錯，但糖要先加，不能先加醬油再加糖，因為加了醬油之後再加糖，糖的香味不夠濃厚，就逼不出鳳梨的香甜味，倘若鳳梨的香甜味逼不出來，那醬汁就會變得很平庸。

先加點糖去爆炒，當糖遇到鳳梨的時候，會流出一些湯汁，慢慢地產生些微的焦糖化，當酸的鳳梨遇上炒過的蔗糖，就會將鳳梨的酸味拉出來，這時鳳梨的香味與甜味就會完全釋放。而酸遇到甜會變得柔和，這時候才加入醬油，稍微炒它一下，讓醬油跟糖炒在一起，不急著加水，中間稍微隔一點點時間，讓醬油跟糖融在一起，但這時間要拿捏得好，免得焦掉了，然後再倒入水去燜煮。

大姊告訴我，我選的是當水果吃的鳳梨，根本煮不出這道菜，別忘了當年吃的是土鳳梨，屬於比較酸的，而會拿來入菜的，大多是太過酸，不適合當水果吃的，才會拿來入菜。可惜在農民不斷改良品種下，現在要找到像當年那麼酸的鳳梨來入菜，還真的難找了。

想來可笑，那年頭想找像現在這麼甜的鳳梨，遍尋不著，但現在我想找顆酸的鳳梨，卻也很難找到，每顆鳳梨都滿甜的，想不到時空的變化，在簡單的鳳梨

也有明顯差異。

最後大姊教我買鳳梨花來代替就對了，原來鳳梨花小小一顆，味道酸酸的，沒有人愛吃，大部分拿來當供品或擺飾，我就真的買來這種花很大、身體很小的鳳梨花，削皮之後煮鳳梨素筋，果然成功。

可見時代的改變，食材的選擇也必須跟著變化，沒有好的食材，做不出道地的台菜，台菜在傳承過程中，一定要注意時代的改變與食材的變化，才能找出精髓。

想不到做這道菜的祕訣，就在醬油與糖之間的顛倒順序下走味了，當年的婆婆媽媽們想做這道菜，總不得其門而入，明知道它有醬油跟糖，卻總是怕燒焦，所以都會先加醬油再加糖，並且急速加水，殊不知就慢那兩秒鐘加水，竟會產生如此曼妙的變化。

這真印證了一句「江湖一點訣，說破不值錢」。原來做菜的學問，不是光靠吃就可以做得出來，不實際跟著人走一趟，就很難「到味」了。

在我懂得這道菜祕訣後，分享給朋友都很受歡迎，但是每次我將作法教導朋友，他們卻還是做不成功，原因只在沒有人相信用鳳梨花這種便宜貨來做菜，反而都是挑最上等的水果入菜，如此一來，當然做不出到位的鳳梨素筋了。

我在還原台菜時有深刻的體會，很多台菜師傅用自己的想法去做菜，以為吃過了就可以還原，而師父在教的過程講得也不是很明確，導致傳出的口味都變了。從鳳梨素筋這一道如此簡單、便宜的菜，讓我著實上了一堂課：再簡單的菜，不懂得技巧，還是很難做出來。

作法 # 鳳梨素筋

材料（四人份）

① 生鳳梨花……130g
② 素麵筋………95g

調味料

醬油……2 大匙
砂糖……3 大匙

1. 鍋內放水，煮開，將素麵筋放入滾燙，泡約 5 分鐘。

2. 將素麵筋撈起，以冷水沖洗後，瀝乾。

3. 將鳳梨切成小塊。

4. 先將鳳梨放入鍋中，壓至出水，再放入素麵筋，接著，依序放入糖、醬油和 2 大匙的水。

5. 以大火煮開後轉小火，煮約 4 分鐘。

6. 熄火後，燜約 10 分鐘再起鍋。

美 味 一 點 訣

素麵筋若沒有燙過，一定會帶股油騷味，要再調味就不容易了，因此燙素麵筋的步驟，千萬不能忽略喔！

鹹粿湯

每到過年，我不會買蘿蔔糕，也不會選油蔥肉臊粿，而一定挑純米蒸炊的白粿，而且一買就是兩、三個，只為了我喜歡吃煎粿，更愛吃鹹粿湯。天冷的時候趁熱吃，每口香濃的湯頭都會溫暖我的心，而每一塊粿沾著醬油膏，又是別有一番滋味。

到了夏天我更愛它，因為早早煮完鹹粿湯，讓它涼了，可是盛暑中最好的一道餐點。早年的割稻仔菜，也常常有鹹粿湯當點心，說實在的，只要掌握要訣，通常只要煮一鍋鹹粿湯，根本不用再做其它菜，煮好了湯放一旁，誰想吃就來一碗，不用去張羅，放涼以後吃起來開胃又不燙口。對主婦而言，這是一道既簡單又方便的菜餚。

夏天的假日，我最喜歡早上十點多就煮好鹹粿湯當午餐，這一天我會感覺很逍遙，因為不管家裡任何人起得早或晚，早餐吃得多或少，中午的用餐時間可以很隨意的調配，讓我真正感覺在休假。

做這道菜我通常會事先備料，切好蘿蔔糕，紅蔥頭切片備用，買一些豆芽菜洗淨，大約花十來分鐘就做好一鍋鹹粿湯，而且在等湯滾起來的時候，我還可以

做其它的事。

現代人很少自己炊粿，但市場、超市都有得賣。如果買不到白粿，也可以買蘿蔔糕或油蔥肉臊粿，一樣可以做出鹹粿湯，只是我從小的成長過程習慣用白粿，比較少用其它的粿來做這道料理。

剛蒸好的粿軟軟的，不適合做鹹粿湯，我通常在做鹹粿湯前一天會先買粿回來，放在冰箱裡，讓它略硬一點，這樣子比較好切，煮的過程中也不容易斷掉，我會將粿切成一公分寬、七公分長、厚約零點八公分的條狀，有時前一天會先切好備用。

或許你會好奇早年這道菜是如何來的，只因那時候家家戶戶過年時都會自己磨米漿來蒸粿，每次蒸的份量都很大，通常是一籠甚至兩籠。一來是那時候家中人口多，蒸多一點才夠吃，二來是既然要忙，就一次忙完，蒸多一點可以吃得更久，主婦也可以輕鬆一下。

剛蒸好的粿直接切著沾醬油吃，等它變硬了就切起來煎或煮成鹹粿湯，早期過年的風俗是不能煎粿的，因為兩面煎得赤赤的，有赤貧的意思，但是早期過年時，鹹粿、年糕、發粿可是祭拜的粿，缺一不可。年糕可以用來做炸年糕，發粿隨時可以拿來吃，用蒸的也不錯，只有鹹粿第一天或許還不是很硬，切了沾蒜頭醬油吃還挺好吃的，但隔了兩天之後還是不會壞，只是硬了一點，若不想拿來煎的話，煮鹹粿湯是最適當的。

燕官阿嬤挺會做鹹粿湯讓大家當點心，作法是在鍋裡面擺些油，將紅蔥頭爆香，再加些肉絲爆炒，加水煮到八分熟時，加入鹹粿煮一下，煮開了加大量豆芽菜，

撒一點白胡椒粉，就是讓人思念的一道過年點心。這裡的湯根本不要用高湯，就如燕官阿嬤說的，「醬油的香如果能爆出來，就不需要再用高湯了」。

我做這道菜時會加很多豆芽菜，若想加香菇絲也無妨，吃的時候，若是白粿就要準備一些醬油膏來沾，但若用油蔥肉臊粿，連醬油膏都可以省掉。湯頭要好的祕訣是起鍋前別忘了加胡椒粉，當然還是要加一點鹽，只靠醬油鹹度是不夠的，醬油不是製造湯頭的鹹度，而在產生醬香的湯頭。

從唐山移民來台的先民，在飲食上很注重養生，不吃辣，但白胡椒粉用的量很廣泛，因為白胡椒粉有驅寒、避風邪效果，在當年中藥店的白胡椒粉並不貴，買回來可以多用途使用。

你會發現台菜有其脈絡可循，先民在打拚生活時，會從困難中產生智慧，鹹粿湯就是一道當年的「剩菜新吃」法產生的菜，但現代人家裡通常不會有多餘的粿，畢竟我們不會一籠一籠的蒸，都是吃多少才買多少，但也不妨多買一些，試試這道早年受歡迎的鹹粿湯。

作法　　**鹹粿湯**

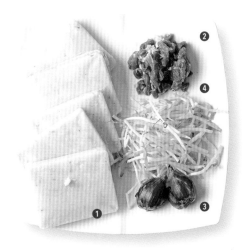

材料（四人份）　　**調味料**

① 鹹粿………590g　　鹽 ……………1/8 小匙

② 肉絲………60g　　醬油 …………2 大匙

③ 紅蔥頭……3 瓣　　白胡椒粉 … 1/8 小匙

④ 豆芽菜……90g　　砂糖 …………1/8 小匙

1. 先將鹹粿切成 1 公分寬的長條狀備用。

2. 將紅蔥頭剝皮後切片，下油鍋以小火爆香。

3. 續入肉絲拌炒，淋上醬油與 1500ml 水。待水煮開之後，放入步驟 1，續入砂糖和鹽調味。

4. 最後，放入豆芽菜，撒上胡椒粉，即可起鍋。

蚵仔丸

燕官阿嬤並不是我的親阿嬤，而是我媽媽的奶媽，雖然我出生後，她仍然幫忙照顧我，但我絕不能直接稱呼她阿嬤，因為在舊時代的制度下，她雖然是奶媽，我媽媽也只能稱呼她名字燕官。

以現在眼光來講好像不尊敬，可是在媽媽的家族裡面，我外公家可是有七、八位長工，五、六位奴婢，還有一位總舖師和一位洗衣婆，在舊時代中講究的就是門第、分寸，我媽媽、舅舅、阿姨對燕官阿嬤都是直呼其名，但對外人介紹就會說是奶媽。但當燕官阿嬤過世時，媽媽和四姨則以為人子女的身分跪爬繞棺，在她們心目中，燕官的地位如同親生母親。

燕官阿嬤只生一獨子，為了協助丈夫赴東北習醫，進入外公家當奶媽賺錢，我四姨和媽媽就是喝她的奶水長大的。她視我媽媽如親生女兒，即使後來她告老還鄉，不在劉家幫傭了，但我媽媽結婚之後，她還是不放心的時常到家裡小住幫忙。記得小時候有一次她幫我洗澡時，我叫了她一句阿嬤，她趕忙阻止並糾正我說，除了對我外婆之外，我不能叫任何人阿嬤，對她也只能加上燕官這兩個字來區分，不然就害死她了。

燕官阿嬤並不是最疼愛我的人，她最疼我二哥，反而對我很不放心，常常說：「女孩子太鬼靈精怪的並不好」，她嘴巴如此說我，可是感覺得出她對我非常疼愛，卻不表示出來，怕寵壞我。

每次燕官阿嬤來家裡小住，三舅就暫時不會出現在我家，因為她總是嫌我三舅太寵我，記得有一次她還在我面前數落過三舅：「自己的兒女不疼，把『玲個』都快寵上天了」，我從小個子就是小小的，小時候舅舅、阿姨喜歡叫我「玲個」。

每次燕官阿嬤到家裡來，就會追問我前陣子的行程，那個阿姨又來帶我走了，那個舅舅又來帶我出去玩了，她可是非常在乎，也因此她在家裡小住的時間，就是我生活的黑暗日，連最寵我的爸爸這時候都會收斂一些。

可是別看燕官阿嬤對我似乎很嚴格，夜晚她睡不著時，看我還在床上翻來覆去還沒睡著，就會拉我下床，帶我到花園聊天，她最喜歡講過去的生活故事給我聽。

燕官阿嬤是生活在漁村的，她說在漁村養豬、養雞都不容易，海邊的環境並不適合養這些家禽，但她們家很會曬魚乾、蝦米、扁魚。她十幾歲時的工作就是曬蝦米、撿挑蝦米，太小的蝦米留著自己吃，大的則拿出去賣，家裡有綁蚵架養蚵，她很小就會鏒蚵仔殼，餐餐都有蚵可吃，蚵仔粥最新鮮了，人家吃地瓜稀飯，她家還多了蚵仔粥可選，飲食上比別人家幸福多了。

她說蚵仔的料理可真多，原先以為自己家族是最懂吃蚵仔的家族，後來她進劉家當奶媽，才知道原來她家吃得太粗糙，不像劉家是很精緻的，唯有一道她家過年吃的「蚵仔丸」是我外公很喜歡的一道菜。

燕官阿嬤說，她來台南當奶媽時，發現每條巷口在早上五、六點時，都會有婦人在賣炸菜丸，她們會用個水桶裝豆芽菜，再放一袋碗豆粉在旁邊，將豆芽菜拿出來放在臉盆裡面，加碗豆粉及一點水攪拌均勻，再以左手握著菜漿，在虎口位置擠出一個球狀的菜丸，右手拿個湯匙將它挖起拋到油鍋裡，動作頗為俐落，擠完菜丸在鍋裡面漂時，就看她將右手的湯匙一放，拿起一雙長筷子翻動油鍋裡的菜丸，在翻動菜丸時就知道那一顆熟了，夾上來放在架子上瀝油。

她每天早上都會拿個盤子去買菜丸，回來讓大家當一道菜配著稀飯吃，由於她是奶媽的身分，在家中她可以上餐桌和孩童們一起用餐，劉家的早餐都有這一道菜丸，吃久了她反而會想念家裡的蚵仔丸。

她有一次不知怎麼的嚴重思鄉，就進廚房自己炸蚵仔丸，剛好外公有事進廚房撞見，看到蚵仔丸的模樣覺得很奇怪，拿起來試吃發現很美味，從此她家的蚵仔丸就成為劉家餐桌上的一道菜。每次她來我家小住，爸爸也總是會買材料請她炸蚵仔丸。

燕官阿嬤笑說，台南人吃的是菜丸，她們家蚵仔剩下太多，就在菜丸裡面加蚵仔進去，就變成蚵仔丸，因為蔬菜本來就易熟，這個火侯剛好不會讓蚵仔炸得過頭，反而就保留下蚵仔的鮮甜味道。

她說，她們家過年時會準備一鍋油，她母親會將高麗菜剁碎，加點切細末的芹菜、香菜，還會將胡蘿蔔刨成絲，再切碎，攪拌在裡面，香菜和芹菜的量用得很大，炸起來才會香，最後加幾顆雞蛋和麵粉拌均，做成菜丸時就會塞入幾顆蚵仔在中間，下油鍋炸，這可是她們的年夜菜。對她來說，平常吃的蚵仔已經夠多了，但是加入蔬菜、蛋、麵粉去炸，特別香。

她說以前辦桌時，炸蔬菜也是一道菜，平常會將蔬菜加一點油炒起來，或是用燙的方式料理蔬菜。可是當辦桌時會有一大鍋油，總舖師會將蔬菜沾著加蛋的麵糊去炸，像茄子、地瓜、芹菜、韭菜、刨絲的胡蘿蔔，沾著麵糊去炸，都很香甜，上桌時沾著一點胡椒鹽，賓客都會搶著吃，在當年想吃炸物可不是容易的事。

每次燕官阿嬤來炸蚵仔丸我總是在旁邊觀看，可是她總是怕我太接近油鍋會被熱油噴到，就會拿把板凳放在離她三尺的地方，叫我站上去看，她總是哄我說：「妳太矮了，站太近看不到，這個位置最好，可以看得最清楚」。

從小我就這樣看著她如此炸蚵仔丸，後來長大有不沾鍋的平底鍋出現時，我會在鍋底鋪些油，再將菜漿鋪在鍋裡厚厚的一層，上面擺滿蚵仔，蓋著蓋子用小火去煎，外型有點像披薩，我稱它為「台式披薩」，想不到這樣的改良，宴客很方便，也很受歡迎，作法很容易，但吃過蚵仔丸的老朋友不喜歡這種改良的台式披薩，堅持要吃傳統的蚵仔丸，可是小客人卻老是指定要吃我改良的台式披薩，所以到底那一種好吃，你何不都做做看呢。

　　　　　　　　　　　　　　　　　　　　　　　伍‧家常菜

作法 # 蚵仔丸

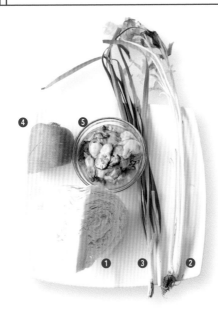

材料（四人份）

① 高麗菜……110g　　⑤ 蚵仔…………100g
② 芹菜………50g　　　低筋麵粉……180g
③ 韭菜………50g　　　地瓜粉………180g
④ 紅蘿蔔……110g　　　雞蛋…………1 顆

調味料

鹽……………1 又 1/4 小匙
白胡椒粉……1/2 小匙

1. 將高麗菜、芹菜、韭菜、紅蘿蔔剉碎，放入調理盆中，加入鹽、白胡椒粉拌勻，再加入雞蛋。

2. 等蔬菜出水，續入麵粉與地瓜粉搓揉。

3. 將餡料搓揉成小圓球狀。

4. 中間塞入一、兩顆蚵仔。

5. 捏成球狀後，放入 180 度的油鍋油炸，待油溫升至 220 度，逼油後撈起，即可食用。

炒豆芽
鹹魚

俗話說：「靠山吃山、靠海吃海」，由於地域的不同，飲食文化也就不同，自然生態的改變會影響飲食文化，這幾年台南小吃也因為生態的不同而有很大的改變，這改變讓老台南人還真不習慣。

早年台南的「火燒蝦」可真多，價格又便宜，一碗米粉湯上面，總是擺著兩隻蝦，魯麵、碗粿上也都有蝦，蝦的使用率非常高。

早年碗粿吃的不僅是米漿蒸出來的 Q 彈度，而且很重視老闆的肉臊醬汁是否熬得到位，肉臊如果熬得夠濃稠，顏色黝黑、味道足夠，整個碗粿根本不需要沾醬。雖然碗粿的顏色比較深，可是伴著濃稠的肉臊香，味道就很誘人，有時候根本不需要再加肉了，只要再擺幾隻蝦仁增加海味，也就夠滿足老饕的味蕾了。

碗粿裡面放塊肉，是加分還是減分？這點因人而異。肉質部位是否選得好？吃起來是否軟嫩？還是會覺得柴？那塊肉是否醃得入味？還是一塊醃得平凡的肉？在在都影響碗粿的口味。

現在的碗粿往往少了蝦仁，對老台南人來說，少了蝦仁的碗粿，簡直就是少了

一個味道，吃起來有點遜色，有些碗粿會改放鹹蛋，但會否增添口味？我認為，這應該只是增加了賣相跟質感，成為一股流行趨勢而已。

吃碗粿的重點，在粿蒸吹得是否Q彈，粿裡面的肉臊醬汁是否濃郁，及蝦仁的鮮甜海味，這三個重點，是老台南人吃碗粿的看法。

現在蝦仁已不像早年那麼的便宜、數量多、取得容易，所以到台南來品嘗美食的人，不再像過去到處看得到蝦仁的蹤跡，這就是生態的改變，造成飲食文化的變化。

靠海的居民有的是漁獲，大量的海鮮、魚蝦取之不盡，也因為他們的食材取得容易，自然就表現在當地飲食上。台灣四周靠海，所以台菜中有不少海鮮菜餚，到漁村裡就會發現，有時候漁獲量多了，除兜售和自家食用外，倘若還有剩下，漁家可不會輕易讓捕獲的魚浪費掉，都會剖魚清洗，撒上鹽曬成魚乾，因此當年進入漁村，幾乎都可見戶戶庭院都曬著魚乾。

漁村裡面有個特色，多數男人會出外捕魚，留在家中的女人可也不得閒，自己會去加工、曝曬剩餘的海鮮，漁村裡除了竹竿上吊的魚乾，空地也搭起架子曝曬蝦米、扁魚、魷魚，空氣中含著濃濃的海滋味。

我認識一位住在海邊的朋友，她說小時候端午節家裡綁粽子，裡面不是放豬肉，而是擺鮮蚵，有些山上的朋友綁粽子還會放菜脯，從當年綁粽子使用的食材，就可以看出山邊、海邊的地域差異。

在漁村裡面曬好的魚乾可以拿出去兜售，自家也會拿出來煎或煮湯，煎過的鹹

魚一餐吃不完，隔餐再煎熱，但若餐餐重新煎熱，會使魚變硬，硬了的魚便沒人想吃了，這時候主婦就會費盡巧思，將沒人吃的魚壓成碎塊，在炒豆芽菜的時候，加入魚碎塊拌炒，還真是點石成金，一道原先大家不愛吃的剩菜，搖身一變成美味的佳餚。

也許你不知道，台灣早年盛產綠豆，和地瓜的地位一樣並重，或許聽過有些人吃地瓜果腹度三餐，卻可能不知道種綠豆的農家，可是餐餐吃綠豆，除了綠豆飯，還吃綠豆粥、綠豆粿，吃到臉都「綠」了，還得繼續吃自家盛產的綠豆。

當年台灣種菜都是用糞便當肥料，有人會認為太髒，唯有綠豆放在水中栽種，不會有蟲，因此豆芽菜在當年變成大家心目中最乾淨的蔬菜。可是時代變了，現在蔬菜不像當年那樣容易看到菜蟲，看到菜蟲反而還會覺得稀奇，認為是無農藥殘留的象徵，而當年最乾淨的豆芽菜，現今卻出現浸泡化學藥劑漂白的問題，古今的差異讓人頗感無奈。

鹹魚炒豆芽這道菜，有趣之處在於當年認為豆芽菜是珍貴的，因此加入剩餘的鹹魚乾碎肉。現在我要做這道菜，買鹹魚回來還要反覆煎過好幾次，才能做出鹹魚炒豆芽菜。時空背景的不同，材料取得的背景也不一樣，我喜歡透過這道菜，遙想當年的生活背景，思考他們的生活模式。

鹹魚炒豆芽

 作法

材料（四人份）

① 鹹魚(鯖魚) ···· 80g
② 豆芽菜 ··········· 360g
③ 蒜頭 ·············· 2 瓣

調味料

鹽 ··············· 1/4 小匙
白胡椒粉 ····· 1/8 小匙

1. 將鹹魚煎熟，呈現略微乾澀的狀態，用鍋鏟鏟碎。

2. 留下煎油備用。

3. 將蒜頭拍碎，下油鍋爆炒，爆出蒜頭的生澀味。續入豆芽菜和 50ml 的水，再放入鹽、胡椒粉調味。

4. 煮至六分熟後，放入鹹魚，略為翻炒即可上桌。

酸菜 炒魚肚

我在市場的魚攤上看到鯀過魚肚，看起來滿漂亮的，想要買回來，老闆卻説：「今天攤位上只有一個魚肚，妳能不能改天再來買，因為晚一點有位阿伯會來買魚肚」，攤販説，阿伯八十多歲了，最近很想念當年的家常菜，他是海邊人，魚肚炒起來的口感和豬肉有點像，有家鄉味。

這時阿伯剛好上門買魚肚，我和阿伯攀談，他説現在豬肉很普及，想買豬肉太容易了，他小時吃不到豬肉，但三十歲以後幾乎只吃豬肉，不吃魚肚了，因為吃膩了。前些日子上市場看到魚肚，忽然想念起當年的家常菜，就買魚肚回家洗一洗，燙一燙，切片爆些蒜頭、酸菜，加入魚肚，加些糖和醬油、水下去燜煮。

他小時候天天吃這道菜，吃到都膩了，曾發誓再也不吃這道菜，可是年紀大了，卻忽然想起那個味道，這幾個月天天吃，一點都不膩，還感覺很親切。他説，每吃這道菜，就感覺自己回到當年年輕小伙子模樣，頓時神清氣爽。

兩人聊著以前的人想吃豬肉卻買不起，就用替代方案滿足口慾，他説，豬肺燙熟之後，吃起來還有點費勁，可是咀嚼中間卻感覺好像吃到豬肉。他們在海邊的人養豬不容易，但炒大型魚的魚肚，嚼起來就挺像豬肉，有時候他們會將魚

肚燙熟之後煮久一點，切片沾著蒜頭醬油，或是用豆豉爆炒，有時候也只會炒薑絲而已。

他最忘不了的就是加了酸菜的炒魚肚，特別下飯，他離開漁村幾十年，現在年紀大了特別想念家鄉味，新鮮的魚還不想吃呢，總會買回去抹個鹽在太陽下曬一曬，這種曬過的魚乾就是他熟悉的海味。

他小時候遇漁獲多了，母親會將較大的魚集中一起，他負責刮魚鱗去內臟，母親負責剖魚、抹鹽，穿繩子吊起來曬，小一點的魚，到了晚上就下鍋煮起來。他笑說現在人吃魚還要去魚鱗，他可是正港的海邊人，小時候有些魚根本是不去魚鱗不去內臟，而是整隻下鍋煮，吃的時候再將鱗去掉，海邊人認為這樣的煮法，肉特別鮮甜，有些魚外表有魚鱗保護住，味道不致走掉，吃魚，他可是很內行。

酸菜炒魚肚的味道和醃過的西瓜棉都很下飯，以前種西瓜，西瓜長得太密集必須疏果，就會採一些還沒長大的瓜起來，加鹽醃成西瓜棉。阿伯說，將西瓜棉切薄片爆過蒜頭，加入魚肚和西瓜棉去炒，產生的酸味和炒酸菜的酸味又截然不同，雖然這兩道菜都有酸味，但酸菜的酸較濃、較鹹，西瓜棉的酸很像書生一樣，較文雅，但酸味卻十足，酸得很清爽。

魚肚的地位在漁村裡面就代表豬肉，即使他已八十多歲了，就是吃魚肚那股咬勁還是讓他很懷念，感覺比吃豬肉更營養。他告訴我食物是有記憶的，當年吃的菜時至今日吃了，當年的感覺都湧上來，這道菜是找回他當初的記憶，也是思念過去的一道菜。

酸菜炒魚肚

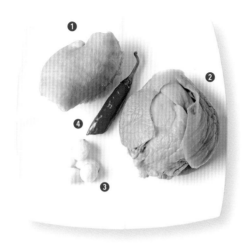

材料（四人份）

① 魚內肚（魚的種類不拘，⋯ 180g
　　在此以海鱺魚肚示範）
② 酸菜 ⋯⋯⋯⋯⋯⋯⋯⋯⋯ 130g
③ 蒜頭 ⋯⋯⋯⋯⋯⋯⋯⋯⋯ 3 瓣
④ 辣椒 ⋯⋯⋯⋯⋯⋯⋯⋯⋯ 1 支

調味料

砂糖⋯⋯ 1 又 1/2 大匙
醬油⋯⋯ 1/2 大匙

1. 將魚內肚洗淨，燙熟後，將膜清洗乾淨，再切片備用。

2. 酸菜切絲後，泡水去除鹹味。

3. 將蒜頭拍碎，下油鍋爆香。

4. 續入魚內肚、酸菜拌炒。

5. 先加糖，使其入味後，再加入醬油拌炒數下。

6. 最後加入辣椒和 80ml 的水，略微燜煮即可。

雞肉絲飯

我會稱它為「雞肉絲飯」，是因為這道菜是將雞肉撕得一絲一絲的，像線一樣細，稱之「雞肉絲」實不為過，叫它「雞肉飯」反而覺得怪怪的。

我雖然尚未到六十歲，身體裡面卻「住了一百多歲的老人」，只因十五年前我開始涉足古早味後，常常和七、八十歲的長輩在一起，請教他們古早味的口感和烹調技巧，腦海裡早就印下長輩的思想和觀念，難怪五舅生前笑我說：「依妳的年齡，可能還要再加上八十歲，才不會覺得妳很奇怪」。

每次我做雞肉絲飯，就會有令人好氣又好笑的插曲出現，我招待的朋友都會告訴我：「不喜歡吃雞肉飯」，甚至我在自己的烹飪教室傳授這道菜時，每個學員開始都會很排斥的說：「這太簡單了，我不想學」，我總是要費盡唇舌的說服對方：「這可是和外面賣的火雞肉飯不同喔！外面的嘉義火雞肉飯名氣太大，很多烹飪教室都會教它的作法，我的雞肉絲飯可是不一樣的」。

久了之後我才意識到，五十年，說長不長，說短也不短，這道雞肉絲飯消失五十年，讓我非常感慨。早年吃得巧、吃得好，現在的吃一點都不健康，太油了，甚至添加物太多了，根本沒有所謂的巧或好。

老師傅教我做雞肉絲飯時，曾告訴我這是一道「作手」的菜，我很納悶，菜就是菜，為什麼還要作弊呢？他卻強調這道絕對是作弊的菜。

雞肉絲飯的特色是，一碗白飯淋上醬汁，上面放一點點雞肉絲就可以上桌，卻可以讓人飽足一餐。由於這個醬汁調得真的好，一不小心還會續它好幾碗，而白飯上面的雞肉絲數量，湊起來還不到指頭寬，卻絕對沒有人會有意見，因為醬汁已調得很好吃，讓人幾乎忘了雞肉絲的存在。

我好奇這道菜是怎麼傳出來的呢？原來這位老師傅的孩子，娶了雞肉絲飯店家的女兒當妻子，後來店家不想再經營下去，就將雞肉絲飯的作法教給老師傅，讓老師傅學會這套技巧並賴以維生，後來老師傅也退休了，這道菜近年快速式微，目前根本沒有店家在賣了。

有一次我去老師傅家，帶了火雞肉飯並切一盤火雞肉給老師傅，他看了火雞肉飯一眼說：「這一款我吃不慣」，我還不死心的力勸他試試看，因為這家雞肉飯店家的口碑很好，他勉為其難的試了一口，竟然反問我：「妳覺得這家的火雞肉飯好吃嗎？」我坦言它真的很好吃，我都吃這家的火雞肉飯。老師傅嘆口氣說：「如果妳因此就滿足了，那妳永遠不會知道古早味是什麼了！」

老師傅看我對雞肉飯這麼不挑剔，決定要教我一道讓我心服口服的雞肉飯，也讓我學會品嚐，還要讓我開開眼界，知道什麼叫做「美食」。

隔天我一大早就到菜市場採購老師傅指定的材料，包括蝦皮、油蔥酥、冰糖，這些材料在市場上很容易買到，也到雞肉攤買了一塊雞胸肉，還好不容易買到黃色的雞油脂，只是沒想到，看起來最容易買到的豆腐乳竟然找不到，因為現

伍・家常菜

在的豆腐乳都是微辣或黃褐色的，老師傅指定要白色豆腐乳，反而就不好找，幸好最後還是找到一小罐。

到了老師傅家，他教我先將雞油脂放在乾鍋裡爆出雞油，再將蝦皮剁得細碎的，用爆出的雞油爆香切碎，在蝦皮味道出現之後，將一小罐豆腐乳倒進去鏟成泥狀，加入一小匙冰糖，讓這些材料略帶點甘甜味，最後加上一點水下去攪拌，待豆腐乳攪勻滾開之後，將油蔥酥放下，用小火燜煮半小時。

這時雞胸肉早就放在電鍋裡蒸熟了，在熬煮的三十分鐘之間，我和老師傅煮了白飯，也將雞胸肉撕成一絲絲，過程中我不斷吞著口水，因為實在太香了，讓人忍不住想吃它一碗。

等一切都好了，盛一碗白飯，上面淋一大湯匙的醬汁，灑下一些雞肉絲，放一些香菜更對味。我品嚐後終於佩服老師傅，果然讓我開了眼界，「這才叫美食啊！」這一款雞肉絲飯怎能任它消失呢？倘若不傳出來任它消失了，真的會有罪惡感！

當年的雞肉可是非常貴的，老闆坐在板凳上，將碗裡面一塊煮熟的雞胸肉，一絲絲的撕下來，一塊雞胸肉竟然可以撕成一大碗公的細雞肉絲，可以省著點用，反正醬汁已經喧賓奪主，在做雞肉絲飯時，調味早就擄獲人心，雞肉絲反而成為陪襯。

食物是祖先在生活上的智慧結晶，每一道菜的食材取得、背景及製作方式，都是一種智慧，老師傅卻還是強調這道菜是「作手」的，為什麼是作手呢？因為吃它千遍也吃不出醬汁是怎麼調製的，但我認為，如果說這道菜是「作手」的，

那這種美味更應該公開出去，這樣大家才有美食可吃。

這道菜根本不要任何味精來調味，也不用加鹽，任何添加物都不需要，它的鹹味是食材自己撞擊出來的，完美到不需再加任何添加物，天然的東西是如此完美，我必須向食材致敬，在今日生活中充滿添加物的時代，這種天然的食品還真的需要推廣。

作法

雞肉絲飯

材料（四人份）

① 雞胸肉……80g　④ 雞油　……80g
② 蝦皮………10g　⑤ 雞高湯……50g
③ 油蔥酥……30g　　白米　……2 杯

調味料

⑥ 豆腐乳………50g
　冰糖…………5g
　清醋…………1 小匙

預備工作

1. 先將白米洗淨，加入清醋、1 小匙油與 2 杯水，浸泡 15 分鐘。

2. 放至電鍋蒸熟。

1. 用食物調理機或果汁機絞碎蝦皮。

2. 將雞胸肉放至鍋內，蒸約 20 分鐘。取出雞胸肉放涼，撕成絲備用。

3. 將雞油放入熱鍋爆油。

4. 利用爆出的油爆炒絞碎的蝦皮和豆腐乳。

5. 炒香之後，加入冰糖、油蔥酥。

6. 再加入高湯以及 300ml 的水熬煮 30 分鐘。將白飯淋上醬汁，放入雞肉絲及香菜，即可上桌。

玩藝 0022

黃婉玲經典重現失傳的台菜譜

40 道阿舍菜、酒家菜、嫁妝菜、辦桌菜、家常菜,詳細步驟示範讓你也能成為台菜傳人。

作　　　　　者 — 黃婉玲
攝　　　　　影 — 林永銘
封　面　設　計
　　　　　　　　 — Rika Su
內　頁　設　計
責　任　編　輯 — 簡子傑
責　任　企　劃 — 汪婷婷

總　　編　　輯 — 周湘琦
董　　事　　長 — 趙政岷
出　　版　　者 — 時報文化出版企業股份有限公司
　　　　　　　　 108019 台北市和平西路三段二四〇號七樓
　　　　　　　　 發 行 專 線 — (〇二) 二三〇六一六八四二
　　　　　　　　 讀者服務專線 — 〇八〇〇一二三一一七〇五
　　　　　　　　 　　　　　　　 (〇二) 二三〇四一七一〇三
　　　　　　　　 讀者服務傳真 — (〇二) 二三〇四一六八五八
　　　　　　　　 郵　　　　撥 — 一九三四四七二四時報文化出版公司
　　　　　　　　 信　　　　箱 — 一〇八九九臺北華江橋郵局第九九信箱
時　報　悅　讀　網 — http://www.readingtimes.com.tw
電　子　郵　件　信　箱 — books@readingtimes.com.tw
第三編輯部風格線臉書 — http://www.facebook.com/bookstyle2014
法　律　顧　問 — 理律法律事務所　陳長文律師、李念祖律師
印　　　　　刷 — 和楹印刷有限公司
初　版　一　刷 — 二〇一五年十月二十三日
初　版　八　刷 — 二〇二四年五月二十二日
定　　　　　價　新台幣 三六〇 元

黃婉玲經典重現失傳的台菜譜 / 黃婉
玲著 . -- 初版 . -- 臺北市:時報文化,
2015.10　面;　公分
ISBN 978-957-13-6361-5(平裝)

1. 飲食風俗 2. 食譜 3. 臺灣
538.7833　　　　　104015258

ISBN 978-957-13-6361-5
Printed in Taiwan